国家示范性院校重点建设专业酒店管理专业系列教材

酒店会计实训

HOTEL ACCOUNTING TRAINING

许鹏　徐涛　主编

中国旅游出版社

前　言

为了适应社会主义市场经济体制和加快我国旅游事业发展对培养旅游会计实用型人才的需要，推动实践教学体系建设，丰富会计实践教学内容，我们编写了《酒店会计实训》一书。希冀通过学习本书学生能提升综合实践操作能力，实现理论与实践的融会贯通。

本书取材于股份制旅游酒店企业的最新会计核算实务，为了满足教学之用，我们对所收集的第一手实务资料进行了认真细致的去粗取精、删选编排，并以我国《企业会计准则》为依据，参照《股份有限公司制度》与《旅游饮食服务企业会计制度》的规定，进行编制会计分录和会计报表的实际操作。

在本书编写过程中，我们力求做到资料翔实，编排合理，重点突出，条理清晰。本书具有以下鲜明特色：

1. 针对性。本书在学生掌握会计核算的基本方法和理论基础上，选用酒店经济业务，并采用真实的凭证、账页、报表进行仿真模拟实训，有利于学生掌握酒店企业会计核算的全过程。

2. 科学性。本书按照先局部后综合的思路编写，全书分为单项实训和综合实训两个部分，让学生在掌握基本操作的基础上，再注重细节的把握，最后加以综合运用。

3. 实用性。本书中的经济业务源于酒店企业会计实务的真实再现，与实践紧密结合。学生通过对业务的练习不仅能够加强实践操作能力，还可以加深对酒店经济活动和事项的了解，为今后进入酒店企业实习、工作提供无缝对接。

4. 方便教学。本书为主教材配备了 PPT 电子教学课件，并为主教材"实训八"和"实训九"提供了详细的参考答案。包括会计分录、总分类账簿、试算平衡表、财务报表。

本书的编写出版，得到了酒店业业界人士刘晋国总经理、李瑛财务总监、石雯琪财务总监等的支持和帮助，在此对他们表示衷心感谢！本书承蒙中国旅游出版社谯洁主任的支持和帮助，在此一并深表谢意。

由于编者水平所限，疏漏之处在所难免，尚希有关专家、同行不吝赐教、指正。

许　鹏

2019 年 6 月

目 录
CONTENTS

实训一　凭证填制和审核

一、原始凭证的填制和审核

（一）实训目的

掌握原始凭证的填制和审核。

（二）实训资料

1. 香榭里拉大酒店管理有限公司概况

统一社会信用代码：3301052071130404X2

账号：0552160033446880

开户银行：中国建设银行上海浦东分行（建行浦东分行）

地址：上海市浦东新区东方路 100 号

电话：86(21)58880088

总经理（法人代表）：方晓明

财务经理：林彬

会计（记账）：李鹏

会计（复核）：王其

出纳：张红

2. 2018 年 1 月经济业务

3. 原始凭证

4. 印章

香榭里拉大酒店管理有限公司财务专用章	香榭里拉大酒店管理有限公司发票专用章	明方 印晓	现金收讫	现金付讫

（三）实训要求

填制或审核原始凭证。

2018 年 7 月经济业务

（1）2 日，收到通用公司转账支票一张，金额为 75 000 元，出纳员张红填制开户行进账单办理托收手续。

要求：审核支票和填制进账单。

（2）4 日，出纳员张红签发支票，支付上海大润发（三林店）有限公司食品采购款，金额为 3 475.92 元。

要求：签发支票。

（3）7 日，经核准，以现金 3 000 元拨付前台收银员马晓玲，作为前台收银定额备用金。

要求：审核暂支单。

（4）9 日，出纳员张红填制现金交款单，将酒店营业款 125 000 元存入开户银行。

要求：填制现金交款单。

（5）11 日，前厅部副经理李明宇报销市内交通费 162 元，出纳以现金付讫。主管部门负责人张达康审批。

要求：审核费用报销单和发票。

（6）15 日，申请建行本票一张，面额为 50 000 元，用于向三阳实业有限公司购买家具一批。

要求：填制本票申请书。

（7）20 日，总经办主任王爱华报销外埠出差费。按照酒店财务规定，外埠出差期间员工可享受伙食补助 80 元 / 天，市内交通费 100 元 / 天。

要求：审核发票和填制外埠出差费报销单。

（8）22 日，收到建行转来红森实业有限公司托收票款的收款凭证付款通知联，通知付讫票款 150 000 元。该票据为酒店签发并承兑的为期一个月的商业承兑汇票。

要求：审核商业承兑汇票和委托收款凭证付款通知。

（9）25 日，预收翔龙商务有限公司 8 月 31 日黄河厅会议押金 30 000 元。

要求：填制收据。

（10）31 日，本月客房小酒吧领料汇总，金额为 37 500 元。

要求：审核领料汇总表。

经济业务（1-1）

中国工商银行上海市分行支票　　支票号码 AF05462301

付款期限自出票之日起十天

出票日期（大写）贰零壹捌年零柒月零贰 日　　开户行名称：工行桃江路支行
收款人：香榭里拉大酒店管理有限公司　　出票人账号：218514218766

人民币（大写）	柒万伍仟元整		千	百	十	万	千	百	十	元	角	分
					¥	7	5	0	0	0	0	0

用途　支付住宿费
上列款项请从
我账户内支付
出票行签章

上海通用技术有限公司
财务专用章

锋李印易

科目（借）＿＿＿＿＿＿
对方科目（贷）＿＿＿＿＿＿
转账日期　　年　　月　　日
复核　　记账

经济业务（1-2）

中国建设银行进账单（回单）　①

年　　月　　日

出票人	全 称			收款人	全 称		
	账 号				账 号		
	开户银行				开户银行		

金额	人民币（大写）					千	百	十	万	千	百	十	元	角	分

票据种类		票据张数	
票据号码			

复核　　记账

开户银行签章

此联是开户银行交给持票人的回单

经济业务（2）

中国建设银行 **支票存根** AK05881142 科 目＿＿＿＿＿ 对方科目＿＿＿＿＿ 出票日期　年　月　日 收款人： 金额： 用途： 单位主管　　会计	付款期限自出票之日起十天	中国建设银行上海市分行支票　　支票号码 AK05881142

中国建设银行上海市分行支票　　支票号码 AK05881142

出票日期（大写）　年　月　日　开户行名称：

收款人：

人民币 （大写）		千	百	十	万	千	百	十	元	角	分

用途＿＿＿＿＿　　　　　　　科目（借）＿＿＿＿＿

上列款项请从　　　　　　　对方科目（贷）＿＿＿＿＿

我账户内支付　　　　　　　转账日期　年　月　日

出票行签章　　　　　　　　　　　复核　　记账

经济业务（3）

香榭里拉大酒店备用金暂支单

2018 年 7 月 7 日　　　　　　　　　编号：0113

受款人	马晓玲		
暂支事由	前台收银定额备用金		现金付讫
暂支金额	人民币（大写）叁仟元整	￥3 000.00	
预计归还日期		科目	其他应收款

财务主管 林 彬　　记账　　复核　　出纳 张 红　　部门主管 张达康　　受款人 马晓玲

经济业务（4）

现金交款单　　　　01657433

币别：　　　　　　年　月　日　流水号：

单位填写	收款单位		交款人										第二联 客户回单
	账　号		款项来源										
	（金额大写）			千	百	十	万	千	百	十	元	角	分	
银行确认栏													
	现金回单（无银行打印记录及银行签章此单无效）												
	主管　　　　授权　　　　复核　　　　经办												

经济业务（5-1）

香榭里拉大酒店费用报销单

部门：前厅部　　　　　　　2018 年 7 月 11 日　　　　　附件共___2___张

用　途	金　额	付款方式		
市内交通费	162.00		现金	√
			支票	
			转账	
		领导审批	张达康	
合　计　　人民币（大写）壹佰陆拾贰元整	￥162.00			

会计主管　　　　审核 王其　　　　出纳 张红　　　　报销人 李明宇

经济业务（5-2）

经济业务（6-1）

中国建设银行 上海市分行本票
申 请 书（存根）   ①   AK331263

申请日期　　年　月　日

收款人..	本票号码................................
本票金额 人民币 （大写）......................................	代　理 付 款 行........................
	申请人名称................................ 申请人账号（或地址）....................
申请人签章	银行出纳　复核　记账　验印

经济业务（6-2）

<table>
<tr><td>付款期限
贰 个 月</td><td colspan="2"># 中国建设银行   1   XX00000000
本 票</td></tr>
</table>

出票日期　贰零壹捌年零柒月壹拾伍日

收款人：三阳实业有限公司	申请人：香榭里拉大酒店管理有限公司
凭票即付 人民币 （大写） 伍万元整	
转账 现金 备注：	中国建设银行上海浦东 分行业务章 2018.07.15 出票银行盖章
	出纳　复核　经办

经济业务（7-1）

17H056340	沪C 售
2018年7月19日 07:06开	05车14B号 二等座
南京 G7131次 上海虹桥 NanJing ShangHaiHongQiao	
￥139.50元 限乘当日当车次 *** 659************42	检票口:10B
6610-0010-1709-05H0-5634-0	和谐号

17H056340	沪C 售
2018年7月16日 7:09开	08车02C号 二等座
上海虹桥 G7130次 南京 ShangHaiHongQiao NanJing	
￥139.50元 限乘当日当车次 *** 659************42	检票口:22A
6610-0010-1709-05H0-5634-0	和谐号

经济业务（7-2）

江苏增值税电子普通发票

NO. 1043256

开票日期：2018 年 07 月 19 日

购买方	名　　称：香榭里拉大酒店管理有限公司 纳税人识别号：3301052071130404X2 地址、电话： 开户行及账号：	密码区	0310+02542*999111+943*667//9 3+*</8-4<0/>9555+*492>55929> +0<*6558332</3/*5674876*8 0+*993+1*901664<19<0804/3315

项　目	单位	数　量	单　价	金　额	税率	税　额
住宿费				1 075.47	6%	64.53
合　计				￥1 075.47		￥64.53

价税合计（大写）	壹仟壹佰肆拾元整	（小写）￥1 140.00

销售方	名　　称：南京紫金山大酒店 纳税人识别号：91361287003401231Y 地址、电话：南京市玄武区湖南路 1888 号 开户行及账号：工行湖南路支行 1001726466230012005	备注	南京紫金山大酒店 发票专用章

收款人：李丹　　　　复核：王刚　　　　开票人：张晓　　　　　　销售方：（章）

经济业务（7-3）

香榭里拉大酒店外埠出差报销单

年 月 日

出差人姓名			工作部门				预借金额		
出差事由			出差日期				返回金额		
出差地点			出差天数				应补金额		

起程			到达			车船费		在途伙食津贴		通宵乘车补贴		住勤伙食补贴			住宿费	市内交通费	其他费用	
月	日	地点	月	日	地点	交通工具	金额	人/天	金额	票价	%	补贴	人/天	每天标准补助	金额	住宿费	市内交通费	项目	金额
各项费用小计																			

合计金额（大写）　　　　　　　　　　　　　　　　　　　　　　（小写）￥

审核：　　　　　　　出纳：　　　　　　　部门领导：　　　　　　　报销人：

经济业务（8-1）

商业承兑汇票（存根）　　3　IXIV3417812

签发日期　贰零壹捌年零陆月贰拾贰日　　　　　　　第　　号

付款人	全　称	香榭里拉大酒店管理有限公司	收款人	全　称	红森实业有限公司										
	账　号	055216-00334468800		账　号	2546-08489445										
	开户行	建行浦东分行	行号		开户行	工行徐汇分行			行号						
汇票金额	人民币（大写）壹拾伍万元整					千	百	十	万	千	百	十	元	角	分
							￥	1	5	0	0	0	0	0	0
汇票到期日	贰零壹捌年零柒月贰拾贰日		交易合同号码		Z111FD01										
备注：															
				负责		经办									

此联签发人存查

经济业务（8-2）

委托银行收款凭证（付款通知）

委邮

托收号码：NO.129987
付款期限　2018 年 7 月 22 日

委托日期　2018 年 7 月 20 日

付款人	全称	香榭里拉大酒店管理有限公司	收款人	全称	红森实业有限公司
	账号	055216-00334468800		账号	2546-08489445
	开户行	建行浦东分行		开户行	工行徐汇分行

委收金额	人民币（大写）壹拾伍万元整	千	百	十	万	千	百	十	元	角	分
			￥	1	5	0	0	0	0	0	0

款项内容	货款	委托收款凭据名称	商业承兑汇票	附寄单证张数	

备注：	付款单位注意：
中国建设银行上海浦东分行 2018.07.20	1．根据结算方法，上列委托收款，如在付款期限内未拒付时，即视同全部同意付款，以此联代付款通知。 2．如需提前付款或多付款时，应另写书面通知送银行办理。 3．如系全部或分拒付，应在付款期限内另填拒绝付款理由书送银行办理。

单位主管　　会计　　复核　　记账　　付款人开户行盖章　　月　日

经济业务（9）

上海市企业单位统一收据　　18-1100312

年　　月　　日

交款单位＿＿＿＿＿＿＿＿＿＿＿＿＿＿＿＿＿＿

人民币（大写）＿＿＿＿＿＿＿＿＿＿＿＿＿＿＿＿＿＿　￥＿＿＿＿＿＿　③

系　付＿＿＿＿＿＿＿＿＿＿＿＿＿＿＿＿＿＿

记账联

现金	
支票	
付委	

收款单位（盖章有效）　　　　财务：　　　　经手人：

经济业务（10）

领料凭证汇总表

2018 年 7 月 1～31 日

领料部门：客房小酒吧   单位：元

名称及规格	单位	数量	单价	金额
啤酒	听	750	5.00	3 750.00
矿泉水	瓶	650	4.00	2 600.00
红葡萄酒	瓶	210	10.00	2 100.00
雪莉酒	瓶	250	8.50	2 125.00
橙汁	听	450	5.00	2 250.00
菠萝汁	听	521	5.00	2 605.00
…	…	…	…	…
合计				37 500.00

审核 王其   制表 吴在工

二、记账凭证的填制和审核

（一）实训目的

掌握记账凭证填制和审核。

（二）实训资料

香榭里拉大酒店管理有限公司 2018 年 8 月证明经济业务发生的原始凭证。

（三）实训要求

填制并审核记账凭证。

经济业务（1-1）

香榭里拉大酒店费用报销单

部门：销售部　　　　　2018 年 8 月 2 日　　　　　附件共___1___张

用　途	金　额		
贺卡	800.00	付款方式	现金　✓
			支票
			转账
		领导审批	王骏
合　计　人民币（大写）捌佰元整	￥800.00		

会计主管　林　彬　　　审核　王　其　　　出纳　张　红　　　报销人　范建民

经济业务（1-2）

上海增值税电子普通发票

NO. 1043256

开票日期：2018 年 8 月 1 日

购买方	名　　称：香榭里拉大酒店管理有限公司 纳税人识别号：3301052071130404X2 地　址、电　话： 开户行及账号：	密码区	0510+02542*999111+943*667//9 2+*</8-4<0/>9555+*492>55929> +0<*6558332</3/*5674876*8 0+*993+1*901664<19<0804/3315

项目	单位	数量	单价	金额	税率	税额
贺卡	张	100	8.00	720.72	11%	79.28
合计				￥720.72		￥79.28

价税合计（大写）	捌佰元整	（小写）￥800.00

销售方	名　　称：上海科技图书公司 纳税人识别号：3142287003401231Y4 地　址、电　话：上海河南中路 221 号　63236789 开户行及账号：工行河南路支行 1001726425230011186	备注	上海科技图书公司 发票专用章

收款人：王海　　　　复核：钟山　　　　开票人：王丽　　　　销售方：（章）

经济业务（2）

上海市企业单位统一收据 18-1002312

2018 年 8 月 5 日

交款单位＿＿＿上海阿尔斯通电器集团＿＿＿

人民币（大写）＿＿贰万伍仟元整＿＿＿＿＿＿ ￥25 000.00

系 付＿＿＿8 月 10 日长江厅会议押金＿＿＿＿

③ 记账联

现金	✓
支票	
付委	

香榭里拉大酒店管理
有限公司财务专用章

收款单位（盖章有效）　　　　　　　　　财务：　　　　经手人：李 佳

经济业务（3-1）

上海增值税专用发票

NO. 0068574

开票日期：2018 年 8 月 13 日

购买方	名 称：香榭里拉大酒店管理有限公司 纳税人识别号：3301052071130404X2 地址、电话：上海市浦东新区东方路100号58880088 开户行及账号：建行浦东分行0552160033446880	密码区	0510+02542*976111+943*643//7 2+*</8-4<0/>9555+*492>50029> +0<*6008732</3/*5674876*8 0+*993+1*135664<19<0804/3315

项目	单位	数量	单价	金 额	税率	税 额
物料用品				7 500.00	16%	1 200.00
合计				￥7 500.00		￥1 200.00

价税合计（大写）	捌仟柒佰元整	（小写）￥8 700.00

销售方	名 称：上海旅游用品批发公司 纳税人识别号：41422800256012311X 地址、电话：上海市花园路 1367 号 62519939 开户行及账号：工行黄浦分行 216-0428310	备注	上海旅游用品批发 公司发票专用章

收款人：王梅　　　　复核：张帆　　　　开票人：赵蕾　　　　销售方：（章）

经济业务（3-2）

香榭里拉大酒店入库单

供货单位：上海旅游用品批发公司

供货单位地址：上海市花园路 1367 号　　　　　　　　　　编号：01012

定购单编号：2010　　　　　　　　　　　　　　　　　　日期：2018.8.13

存货编号	项目及规格	单位	数量	单价（元）	合计（元）
121—3	清洁用品	罐	1	500.00	500.00
121—4	劳防用品	件	25	218.00	5 450.00
121—7	旅游用品	件	2	250.00	500.00
121—2	办公用品	箱	1	1 000.00	1 000.00
121—9	其他用品	盒	2	25.00	50.00
总计					7 500.00

记账 李鹏　　　保管　　　验收 徐江　　　采购 祝如贵　　　制单 邱永福

经济业务（3-3）

中国建设银行
支 票 存 根
AK05881125
科　　目＿＿＿＿＿＿＿
对方科目＿＿＿＿＿＿＿
出票日期 2018 年 8 月 13 日
收款人：上海旅游用品批发公司
金额：¥8 700.00
用途：货款
单位主管　林彬　　会计　李鹏

经济业务（4）

中国建设银行

4 XI 10228609

银 行 汇 票 （多余款收账通知）

出票日期 贰零壹捌年零捌月壹拾玖日 （大写）	代理付款银行：	行号：
收款人：北京中长石基信息技术股份有限公司	账号：3600579432	
出票金额（大写）壹拾捌万元整		

实际结算金额（大写）壹拾柒万叁仟陆佰元整

	千	百	十	万	千	百	十	元	角	分
	¥	1	7	3	6	0	0	0	0	0

申请人：香榭里拉大酒店管理有限公司　　账号或住址：　055216—00334468800

出票行：中国建设银行上海浦东分行

备　注：货款

出票行盖章　中国建设银行上海浦东分行业务专用章 2018.08.23

多余金额											科目（贷）..................
	千	百	十	万	千	百	十	元	角	分	对方科目（借）.........
		¥	6	4	0	0	0	0			转账日期 复核　　记账

此联出票行结清多余款交申请人

经济业务（5）

中国建设银行

支 票 存 根

AK05881131

科　　目＿＿＿＿＿＿＿＿＿＿＿

对方科目＿＿＿＿＿＿＿＿＿＿＿

出票日期 2018 年 8 月 25 日

收款人：香榭里拉大酒店管理有限公司
金额：¥50 000.00
用途：备用金

单位主管　林彬　　会计 李鹏

经济业务（6）

财产保险费摊销表

2018 年 8 月   单位：元

部门 \ 金额项目	财产保险费（不包括车辆）	机动车辆保险费	合　计
客　　房	7 000.00	1 000.00	8 000.00
餐　　饮	3 500.00	800.00	4 300.00
前　　厅	1 000.00	400.00	1 400.00
康　　乐	1 500.00	0.00	1 500.00
会　　议	2 000.00	800.00	2 800.00
管理部门	11 000.00	3 000.00	14 000.00
合　　计	26 000.00	6 000.00	32 000.00

会计主管　林　彬　　　　　复核　　　　　　　　制单　王其

经济业务（7）

香榭里拉大酒店固定资产报废申请单

NO.0004867

设备编号	KH201		
设备名称	洗碗机	始用日期	2014 年 8 月
型号规格	POW523	原值	15 000.00元
制造厂	上海光明厨房设备厂	全部使用年限	5 年
国别	中国	已使用年限	4 年
申请日期	2018 年 8 月 28 日	使用部门	厨房
报废原因： 　已损坏，无法修理 部门经理：庄田　2018 年 8 月 28 日			
工程部意见： 　同意报废 部门经理：袁明　2018 年 8 月 29 日			
财务部意见： 折旧　　12 000.00元 净值　　3 000.00元 估计残殖　2 000.00元		同意报废 部门经理：林彬　2018 年 8 月 30 日	
总经理审批	同意报废	签名：方晓明　2018 年 8 月 30 日	

记 账 凭 证

总号	
分号	

　　　　　年　　月　　日　　　　　　　　附件　　　张

摘　　要	一级科目	二级及明细科目	过账	借方金额								贷方金额							
				十	万	千	百	十	元	角	分	十	万	千	百	十	元	角	分
合　　计																			

财务主管　　　　　记账　　　　　　出纳　　　　　　　　复核　　　　　　　制单

记 账 凭 证

总号	
分号	

　　　　　年　　月　　日　　　　　　　　附件　　　张

摘　　要	一级科目	二级及明细科目	过账	借方金额								贷方金额							
				十	万	千	百	十	元	角	分	十	万	千	百	十	元	角	分
合　　计																			

财务主管　　　　　记账　　　　　　出纳　　　　　　　　复核　　　　　　　制单

记 账 凭 证

总号	
分号	

年　　月　　日　　　　　　　　　附件　　　张

摘　要	一级科目	二级及明细科目	过账	借方金额									贷方金额								
				十	万	千	百	十	元	角	分	十	万	千	百	十	元	角	分
合　计																			

财务主管　　　　　记账　　　　　出纳　　　　　　　复核　　　　　　　制单

记 账 凭 证

总号	
分号	

年　　月　　日　　　　　　　　　附件　　　张

摘　要	一级科目	二级及明细科目	过账	借方金额									贷方金额								
				十	万	千	百	十	元	角	分	十	万	千	百	十	元	角	分
合　计																			

财务主管　　　　　记账　　　　　出纳　　　　　　　复核　　　　　　　制单

记 账 凭 证

总号	
分号	

年　月　日　　　　　　　　　附件　　张

摘　要	一级科目	二级及明细科目	过账	借方金额								贷方金额							
				十	万	千	百	十	元	角	分	十	万	千	百	十	元	角	分
合　计																			

财务主管　　　　记账　　　　　　出纳　　　　　　　　复核　　　　　　　制单

记 账 凭 证

总号	
分号	

年　月　日　　　　　　　　　附件　　张

摘　要	一级科目	二级及明细科目	过账	借方金额								贷方金额							
				十	万	千	百	十	元	角	分	十	万	千	百	十	元	角	分
合　计																			

财务主管　　　　记账　　　　　　出纳　　　　　　　　复核　　　　　　　制单

记 账 凭 证

总号	
分号	

年　　月　　日　　　　　　　附件　　张

摘　要	一级科目	二级及明细科目	过账	借方金额								贷方金额							
				十	万	千	百	十	元	角	分	十	万	千	百	十	元	角	分
合　计																			

财务主管　　　　记账　　　　　出纳　　　　　　　复核　　　　　　　制单

记 账 凭 证

总号	
分号	

年　　月　　日　　　　　　　附件　　张

摘　要	一级科目	二级及明细科目	过账	借方金额								贷方金额							
				十	万	千	百	十	元	角	分	十	万	千	百	十	元	角	分
合　计																			

财务主管　　　　记账　　　　　出纳　　　　　　　复核　　　　　　　制单

实训二 登记账簿

一、账簿启用

（一）实训目的

掌握账簿的启用。

（二）实训资料

香榭里拉大酒店 2018 年 1 月有关资料：

1. "银行存款日记账"账簿封面及账簿扉页
2. "应收账款总分类账"账簿封面及账簿扉页

（三）实训要求

启用"银行存款日记账"和"应收账款总分类账"账簿。

（一）银行存款日记账

单 位 名 称					
账 簿 册 数	本年共		册 本册是第		册
账 簿 页 数	本册自		页至 页共		页
会 计 年 度	自20	年	月 日至20	年 月	日
单 位 负 责 人			财务负责人		

账簿启用表

单位名称				盖章
账簿名称		（第 册）		
账簿编号				
账簿页数	本账簿共计	页（ 本账簿页数 检点人盖章 ）		
启用日期	公元 年 月 日			

经管人员	负责人		主办会计		复核		记账	
	姓 名	盖章	姓 名	盖章	姓 名	盖章	姓 名	盖章

接交记录	经管人员		接管				交出			
	职别	姓名	年	月	日	盖章	年	月	日	盖章
印花税票粘贴处										

（二）应收账款总分类账

单 位 名 称				
账 簿 册 数	本年共	册	本册是第	册
账 簿 页 数	本册自	页至	页共	页
会 计 年 度	自20 年 月	日至20	年 月	日
单位负责人		财务负责人		

账簿启用表

单位名称							盖章	
账簿名称			（第 册）					
账簿编号								
账簿页数	本账簿共计	页（	本账簿页数 检点人盖章		）			
启用日期	公元	年	月	日				

经管人员	负责人		主办会计		复核		记账	
	姓 名	盖章	姓 名	盖章	姓 名	盖章	姓 名	盖章

接交记录	经管人员		接管				交出			
	职别	姓名	年	月	日	盖章	年	月	日	盖章
印花税票粘贴处										

二、特种日记账登记

（一）实训目的

掌握特种日记账的登记。

（二）实训资料

香榭里拉大酒店 2018 年 1 月有关资料如下：

1. 银行存款日记账

2. 记账凭证

（三）实训要求

根据记账凭证登记银行存款日记账并结账。

银行存款日记账

2018年		凭证		摘要	借方										贷方										借或贷	余额									
月	日	种类	号数		百	十	万	千	百	十	元	角	分		百	十	万	千	百	十	元	角	分		百	十	万	千	百	十	元	角	分
1	1			上年转入																				借	8	8	5	6	9	5	5	0

记 账 凭 证

总号	银收 1
分号	1/1

2018 年 1 月 2 日   附件 1 张

摘 要	一级科目	二级及明细科目	过账	借方金额 十	万	千	百	十	元	角	分	贷方金额 十	万	千	百	十	元	角	分
收到通用公司所欠房费	银行存款	建行			5	0	0	0	0	0	0								
收到通用公司所欠房费	应收账款	通用公司											5	0	0	0	0	0	0
合 计				¥	5	0	0	0	0	0	0	¥	5	0	0	0	0	0	0

财务主管   记账   出纳 张红   复核 王其   制单 张红

记 账 凭 证

总号	银收 2
分号	1/1

2018 年 1 月 2 日   附件 1 张

摘 要	一级科目	二级及明细科目	过账	借方金额 十	万	千	百	十	元	角	分	贷方金额 十	万	千	百	十	元	角	分
收到高森公司所欠房费	银行存款	建行			3	5	0	0	0	0	0								
收到高森公司所欠房费	应收账款	高森公司											3	5	0	0	0	0	0
合 计				¥	3	5	0	0	0	0	0	¥	3	5	0	0	0	0	0

财务主管   记账   出纳 张红   复核 王其   制单 张红

记 账 凭 证

总号	银付 1
分号	1/1

2018 年 1 月 2 日　　　　　　　　　　　　附件　1　张

摘 要	一级科目	二级及明细科目	过账	借方金额								贷方金额							
				十	万	千	百	十	元	角	分	十	万	千	百	十	元	角	分
提取备用金	库存现金				5	0	0	0	0	0	0								
提取备用金	银行存款	建行											5	0	0	0	0	0	0
合　计				￥	5	0	0	0	0	0	0	￥	5	0	0	0	0	0	0

财务主管　　　记账　　　出纳 张红　　　复核 王其　　　制单 张红

记 账 凭 证

总号	银付 2
分号	1/1

2018 年 1 月 6 日　　　　　　　　　　　　附件　3　张

摘 要	一级科目	二级及明细科目	过账	借方金额								贷方金额							
				十	万	千	百	十	元	角	分	十	万	千	百	十	元	角	分
支付 12 月份水费	销售费用	水费/客房部				8	5	0	0	0	0								
支付 12 月份水费	销售费用	水费/餐饮部				9	0	0	0	0	0								
支付 12 月份水费	销售费用	水费/康乐部				2	5	0	0	0	0								
支付 12 月份水费	销售费用	水费/会议部				3	0	0	0	0	0								
支付 12 月份水费	管理费用	水费				2	0	0	0	0	0								
支付 12 月份水费	银行存款	建行											2	5	0	0	0	0	0
合　计				￥	2	5	0	0	0	0	0	￥	2	5	0	0	0	0	0

财务主管　　　记账　　　出纳 张红　　　复核 王其　　　制单 张红

记 账 凭 证

	总号	银付 3
	分号	1/1

2018 年 1 月 6 日　　　　　　　　　附件　3　张

摘　要	一级科目	二级及明细科目	过账	借方金额								贷方金额							
				十	万	千	百	十	元	角	分	十	万	千	百	十	元	角	分
支付 12 月份电费	销售费用	电费/客房部			3	5	0	0	0	0	0								
支付 12 月份电费	销售费用	电费/餐饮部			2	5	0	0	0	0	0								
支付 12 月份电费	销售费用	电费/康乐部			1	6	0	0	0	0	0								
支付 12 月份电费	销售费用	电费/会议部				4	0	0	0	0	0								
支付 12 月份电费	管理费用	电费			1	8	0	0	0	0	0								
支付 12 月份电费	银行存款	建行											9	8	0	0	0	0	0
		合　计		￥	9	8	0	0	0	0	0	￥	9	8	0	0	0	0	0

财务主管　　　记账　　　　出纳 张红　　　　　　复核 王其　　　　　制单 张红

记 账 凭 证

	总号	银收 3
	分号	1/1

2018 年 1 月 12 日　　　　　　　　　附件　1　张

摘　要	一级科目	二级及明细科目	过账	借方金额								贷方金额							
				十	万	千	百	十	元	角	分	十	万	千	百	十	元	角	分
强生公司会议定金	银行存款	建行			8	0	0	0	0	0	0								
强生公司会议定金	预收账款	客定											8	0	0	0	0	0	0
		合　计		￥	8	0	0	0	0	0	0	￥	8	0	0	0	0	0	0

财务主管　　　记账　　　　出纳 张红　　　　　　复核 王其　　　　　制单 张红

总号	银付 4
分号	1/2

记 账 凭 证

2018 年 1 月 15 日　　　　附件 2 张

摘要	一级科目	二级及明细科目	过账	借方金额								贷方金额							
				十	万	千	百	十	元	角	分	十	万	千	百	十	元	角	分
缴纳 12 月份税费	应交税费	未交增值税			8	5	0	0	0	0	0								
缴纳 12 月份税费	应交税费	城建税				5	9	5	0	0	0								
缴纳 12 月份税费	应交税费	教育费附加				2	5	5	0	0	0								
缴纳 12 月份税费	应交税费	地方教育费附加				1	7	0	0	0	0								
缴纳 12 月份税费	应交税费	个人所得税/代扣工资个人所得税				3	8	5	0	0	0								
合 计				¥	9	9	0	5	0	0	0						0	0	0

财务主管　　记账　　出纳 张 红　　复核 王 其　　制单 张 红

总号	银付 4
分号	2/2

记 账 凭 证

2018 年 1 月 15 日　　　　附件 2 张

摘要	一级科目	二级及明细科目	过账	借方金额								贷方金额							
				十	万	千	百	十	元	角	分	十	万	千	百	十	元	角	分
缴纳 12 月份税费	应交税费	河道管理费					8	5	0	0	0								
缴纳 12 月份税费	银行存款	建行											9	9	9	0	0	0	0
合 计				¥	9	9	9	0	0	0	0	¥	9	9	9	0	0	0	0

财务主管　　记账　　出纳 张 红　　复核 王 其　　制单 张 红

记 账 凭 证

总号	银付 5
分号	1/1

2018 年 1 月 28 日   附件 2 张

摘　要	一级科目	二级及明细科目	过账	借方金额								贷方金额							
				十	万	千	百	十	元	角	分	十	万	千	百	十	元	角	分
1月份进卡工资手续费	财务费用	手续费					1	8	0	5	0								
1月份进卡工资手续费	银行存款	建行													1	8	0	5	0
合　计						¥	1	8	0	5	0			¥	1	8	0	5	0

财务主管　　　记账　　　　出纳 张 红　　　　　复核 王 其　　　　制单 张 红

记 账 凭 证

总号	银收 4
分号	1/1

2018 年 1 月 31 日   附件 2 张

摘　要	一级科目	二级及明细科目	过账	借方金额								贷方金额							
				十	万	千	百	十	元	角	分	十	万	千	百	十	元	角	分
信用卡进账	银行存款	建行			9	0	9	7	1	7	4								
信用卡进账	财务费用	信用卡手续费				2	8	1	3	5	6								
信用卡进账	应收账款	信用卡											9	3	7	8	5	3	0
合　计				¥	9	3	7	8	5	3	0	¥	9	3	7	8	5	3	0

财务主管　　　记账　　　　出纳 张 红　　　　　复核 王 其　　　　制单 张 红

三、分类账登记

（一）实训目的

掌握总分类账和明细分类账的登记。

（二）实训资料

香榭里拉大酒店 2018 年 6 月有关资料如下：

1. 原材料总分类账

2. 原材料明细分类账

3. 其他应收款总分类账

4. 累计折旧总分类账

5. 应付账款总分类账

6. 应交税费总分类账

7. 主营业务成本总分类账

8. 销售费用总分类账

9. 管理费用总分类账

10. 原始凭证

11. 记账凭证

注：采购业务（入库）均为赊购，增值税税率为 16%；酒店员工食堂采用独立核算方式。

（三）实训要求

1. 根据原始凭证（入库单和领料单）登记原材料明细账

2. 编制原始凭证汇总表（收料凭证汇总表和领料凭证总表）

3. 根据原始凭证和原始凭证汇总表编制记账凭证

4. 根据记账凭证登记总分类账

原材料总分类账

2018 年		凭 证		摘 要	借 方									贷 方									借或贷	余 额								
月	日	种类	号数		百	十	万	千	百	十	元	角	分	百	十	万	千	百	十	元	角	分		百	十	万	千	百	十	元	角	分
6	1			月初余额																			借	2	1	6	9	5	7	3	0

原材料明细分类账

最高存量

最低存量

存放地点 _____ 计量单位：桶 规格 5L/桶 名称 调和油

储备天数 _____ 类别 _____

2018年		凭证		摘要	收入										发出										结存										
月	日	种类	号数		数量	单价	万	千	百	十	元	角	分		数量	单价	万	千	百	十	元	角	分		数量	单价	万	千	百	十	元	角	分			
6	1			月初余额																					6	65			3	9	0	0	0			

原材料明细分类账

最高存量
最低存量　　　　　　储备天数　　　　　存放地点　　　　计量单位：袋　　　规格 10KG/袋　　　名称 稻花香大米
　　类别

2018年		凭证		摘要	收入									发出									结存								
月	日	种类	号数		数量	单价	金额							数量	单价	金额							数量	单价	金额						
							万	千	百	十	元	角	分			万	千	百	十	元	角	分			万	千	百	十	元	角	分
6	1			月初余额																			15	82		1	2	3	0	0	0

其他应收款总分类账

2018年		凭证		摘要	借方										贷方										借或贷	余额									
月	日	种类	号数		百	十	万	千	百	十	元	角	分		百	十	万	千	百	十	元	角	分		借或贷	百	十	万	千	百	十	元	角	分
6	1			月初余额																					借			8	5	3	9	0	0	

累计折旧总分类账

2018年		凭证		摘要	借方									贷方									借或贷	余额								
月	日	种类	号数		百	十	万	千	百	十	元	角	分	百	十	万	千	百	十	元	角	分		百	十	万	千	百	十	元	角	分
6	1			月初余额																			贷	9	8	7	6	9	5	7	4	2

应付账款总分类账

2018年		凭证		摘要	借方									贷方									借或贷	余额								
月	日	种类	号数		百	十	万	千	百	十	元	角	分	百	十	万	千	百	十	元	角	分		百	十	万	千	百	十	元	角	分
6	1			月初余额																			贷			3	6	2	5	7	6	5

应交税费总分类账

2018年		凭证		摘要	借方									贷方									借或贷	余额								
月	日	种类	号数		百	十	万	千	百	十	元	角	分	百	十	万	千	百	十	元	角	分		百	十	万	千	百	十	元	角	分
6	1			月初余额																			贷		9	1	0	0	7	2	0		

主营业务成本总分类账

年		凭证		摘要	借方								贷方								借或贷	余额							
月	日	种类	号数		百	十	万	千	百	十	元	角	分	百	十	万	千	百	十	元	角	分		百	十	万	千	百	十	元	角	分

销售费用总分类账

年		凭证		摘要	借方								贷方								借或贷	余额							
月	日	种类	号数		百	十	万	千	百	十	元	角	分	百	十	万	千	百	十	元	角	分		百	十	万	千	百	十	元	角	分

管理费用总分类账

年		凭证		摘要	借方									贷方									借或贷	余额								
月	日	种类	号数		百	十	万	千	百	十	元	角	分	百	十	万	千	百	十	元	角	分		百	十	万	千	百	十	元	角	分

领 料 单

2018 年 6 月 2 日

领料部门：餐饮部   仓库：食品原料仓

名称及规格	单位	数量	单价（元）	金额（元）
调和油5L	桶	5	65.00	325.00
稻花香大米10KG/袋	袋	10	82.00	820.00
合计				1 145.00

领料单位负责人　林 凡   领料人　李文亮   发料人　邱永福

香榭里拉大酒店入库单

供货单位：上海大鹏粮油批发部
供货单位地址：上海市长清路 1200 弄 1 号   编号：01012
定购单编号：2011   日期：2018.6.5

存货编号	项目及规格	单位	数量	单价（元）	合计（元）
121—3	调和油5L	桶	18	65.00	1 170.00
121—4	稻花香大米10KG/袋	袋	10	82.00	820.00
总计					1 990.00

记账 李鹏   保管   验收 徐 江   采购 祝如贵   制单 邱永福

领 料 单

2018 年 6 月 15 日

领料部门：员工食堂 仓库：食品原料仓

名称及规格	单位	数量	单价（元）	金额（元）
调和油 5L	桶	10	65.00	650.00
稻花香大米 10KG/袋	袋	10	82.00	820.00
合计				1 470.00

领料单位负责人 李国强　　　　领料人 车晓　　　　发料人 邱永福

香榭里拉大酒店入库单

供货单位：上海大鹏粮油批发部

供货单位地址：上海市长清路 1200 弄 1 号　　　　编号：01019

定购单编号：2018　　　　　　　　　　　日期：2018.6.17

存货编号	项目及规格	单位	数量	单价（元）	合计（元）
121—3	调和油 5L	桶	12	65.00	780.00
121—4	稻花香大米 10KG/袋	袋	10	82.00	820.00
总计					1 600.00

记账 李鹏　　　保管　　　验收 徐江　　　采购 祝如贵　　　制单 邱永福

领 料 单

2018 年 6 月 20 日

领料部门：餐饮部 仓库：食品原料仓

名称及规格	单位	数量	单价（元）	金额（元）
调和油 5L	桶	20	65.00	1 300.00
稻花香大米 10KG/袋	袋	12	82.00	984.00
合计				2 284.00

领料单位负责人 林 凡 领料人 李文亮 发料人 邱永福

香榭里拉大酒店入库单

供货单位：上海大鹏粮油批发部

供货单位地址：上海市长清路 1200 弄 1 号 编号：01036

定购单编号：2025 日期：2018.6.21

存货编号	项目及规格	单位	数量	单价（元）	合计（元）
121—3	调和油 5L	桶	24	65.00	1 560.00
121—4	稻花香大米 10KG/袋	袋	15	82.00	1 230.00
总计					2 790.00

记账 李鹏 保管 验收 徐 江 采购 祝如贵 制单 邱永福

领 料 单

2018 年 6 月 25 日

领料部门：员工食堂   仓库：食品原料仓

名称及规格	单位	数量	单价（元）	金额（元）
调和油 5L	桶	10	65.00	650.00
稻花香大米 10KG/袋	袋	10	82.00	820.00
合计				1 470.00

领料单位负责人 李国强   领料人 车晓   发料人 邱永福

收料凭证汇总表

年 月 ～ 日

存货编号	名称及规格	单位	数量	单价（元）	金额（元）

审核   制表

领料凭证汇总表

年　月　～　日

领料部门：　　　　　　　　　　　　　　　　　　　　　　金额单位：

名称及规格	单位	数量	单价（元）	金额（元）
合计				

　　　　　　　　　　　　　　　　　　　审核　　　　　　　　　　制表

领料凭证汇总表

年　月　～　日

领料部门：　　　　　　　　　　　　　　　　　　　　　　金额单位：

名称及规格	单位	数量	单价（元）	金额（元）
合计				

　　　　　　　　　　　　　　　　　　　审核　　　　　　　　　　制表

固定资产折旧计算表

2018 年 6 月　　　　　　　　　　　　　　　单位：元

固定资产类别	使用部门	上月折旧额	本月增加折旧额	本月减少折旧额	本月计提折旧
房屋及建筑物	营业部门	319 437.00			319 437.00
	管理部门	33 753.00	—	—	33 753.00
	小计	353 190.00			353 190.00
机器设备	营业部门	477 427.00	4 686.00		482 113.00
	管理部门	101 672.00	2 738.00	—	104 410.00
	小计	579 099.00	7 424.00		586 523.00
交通运输工具	营业部门	100 000.00	321.00		100 321.00
	管理部门	107 151.00		—	107 151.00
	小计	207 151.00	321.00		207 472.00
家具及装饰物	营业部门	38 578.00	26.00		38 604.00
	管理部门	20 010.00		—	20 010.00
	小计	58 588.00	26.00		58 614.00
电器娱乐设备	营业部门	83 334.00	238.00	9.00	83 563.00
	管理部门	62 130.00			62 130.00
	小计	145 464.00	238.00	9.00	145 693.00
电脑设备	营业部门	8 333.00			8 333.00
	管理部门	3 288.00	—	—	3 288.00
	小计	11 621.00			11 621.00
其他	管理部门	6 099.00	—	—	6 099.00
合计		1 361 212.00	8 009.00	9.00	1 369 212.00

复核：王 其　　　　　　　　　制单人：李 春

记 账 凭 证

	总号	
	分号	

年　　月　　日　　　　　　　　　附件　　　张

摘　要	一级科目	二级及明细科目	过账	借方金额								贷方金额							
				十	万	千	百	十	元	角	分	十	万	千	百	十	元	角	分
合　计																			

财务主管　　　　　记账　　　　　　出纳　　　　　　　复核　　　　　　　制单

记 账 凭 证

	总号	
	分号	

年　　月　　日　　　　　　　　　附件　　　张

摘　要	一级科目	二级及明细科目	过账	借方金额								贷方金额							
				十	万	千	百	十	元	角	分	十	万	千	百	十	元	角	分
合　计																			

财务主管　　　　　记账　　　　　　出纳　　　　　　　复核　　　　　　　制单

记 账 凭 证

总号	
分号	

年　　月　　日　　　　　　　　　　附件　　张

摘　　要	一级科目	二级及明细科目	过账	借方金额								贷方金额							
				十	万	千	百	十	元	角	分	十	万	千	百	十	元	角	分
合　计																			

财务主管　　　　　记账　　　　　　出纳　　　　　　　　复核　　　　　　　制单

记 账 凭 证

总号	
分号	

年　　月　　日　　　　　　　　　　附件　　张

摘　　要	一级科目	二级及明细科目	过账	借方金额								贷方金额							
				十	万	千	百	十	元	角	分	十	万	千	百	十	元	角	分
合　计																			

财务主管　　　　　记账　　　　　　出纳　　　　　　　　复核　　　　　　　制单

四、错账更正

（一）实训目的

掌握错账更正方法。

（二）实训资料

香榭里拉大酒店管理有限公司 2018 年 7 月有关资料如下：

1. 经济业务

2. 记账凭证

3. 库存现金日记账

4. 银行存款日记账

5. 应收账款总分类账

6. 其他应收款总分类账

7. 其他应付款总分类账

8. 管理费用总分类账

（三）实训要求

1. 查找账簿登记错误

2. 选择合适的错账更正方法更正错账

香榭里拉大酒店 2018 年 7 月部分经济业务如下：

1.6 日，签发支票购买办公用品，金额为 3 650 元。

2.17 日，人力资源总监张程报销差旅费 4 500 元，原向财务部门预支现金 6 000 元，多余款项退还。

3.28 日，收到通用公司所欠房费 7 500 元，款项已存入开户银行基本户。

记账凭证

总号	银付1
分号	1/1

2018 年 7 月 6 日　　附件 1 张

摘要	一级科目	二级及明细科目	过账	借方金额								贷方金额							
				十	万	千	百	十	元	角	分	十	万	千	百	十	元	角	分
购买办公用品	管理费用	办公用品				3	5	6	0	0	0								
购买办公用品	银行存款	建行												3	5	6	0	0	0
合计					¥	3	5	6	0	0	0		¥	3	5	6	0	0	0

财务主管　　记账　　出纳 张红　　复核 王其　　制单 张红

记账凭证

总号	现收1
分号	1/1

2018 年 7 月 17 日　　附件 2 张

摘要	一级科目	二级及明细科目	过账	借方金额								贷方金额							
				十	万	千	百	十	元	角	分	十	万	千	百	十	元	角	分
人力部张程报销差旅费	管理费用	差旅费				4	5	0	0	0	0								
人力部张程报销差旅费	库存现金					1	5	0	0	0	0								
人力部张程报销差旅费	其他应付款													6	0	0	0	0	0
合计					¥	6	0	0	0	0	0		¥	6	0	0	0	0	0

财务主管　　记账　　出纳 张红　　复核 王其　　制单 张红

记账凭证

总号	银收1
分号	1/1

2018 年 7 月 28 日　　附件 2 张

摘要	一级科目	二级及明细科目	过账	借方金额								贷方金额							
				十	万	千	百	十	元	角	分	十	万	千	百	十	元	角	分
收到通用公司所欠房费	银行存款	建行			7	5	0	0	0	0	0								
收到通用公司所欠房费	应收账款	通用公司											7	5	0	0	0	0	0
合计				¥	7	5	0	0	0	0	0	¥	7	5	0	0	0	0	0

财务主管　　记账　　出纳 张红　　复核 王其　　制单 张红

库存现金日记账

2018年		凭证		摘要	借方									贷方									借或贷	余额								
月	日	种类	号数		百	十	万	千	百	十	元	角	分	百	十	万	千	百	十	元	角	分		百	十	万	千	百	十	元	角	分
7	1			月初余额																			借			3	5	0	0	0	0	0
	17	现收	1	张程报销差旅费				1	5	0	0	0	0										借			3	6	5	0	0	0	0

银行存款日记账

2018年		凭证		摘要	借方									贷方									借或贷	余额								
月	日	种类	号数		百	十	万	千	百	十	元	角	分	百	十	万	千	百	十	元	角	分		百	十	万	千	百	十	元	角	分
7	1			月初余额																			借		5	0	0	0	0	0	0	0
	6	银付	1	购买办公用品													3	5	6	0	0	0	借		4	9	6	4	4	0	0	0
	28	银收	1	收到通用公司所欠大房费			7	5	0	0	0	0	0										借		5	7	1	4	4	0	0	0

应收账款总分类账

2018年		凭证		摘要	借方										贷方										借或贷	余额									
月	日	种类	号数		百	十	万	千	百	十	元	角	分		百	十	万	千	百	十	元	角	分		百	十	万	千	百	十	元	角	分	
7	1			月初余额																				借	2	3	5	0	0	0	0	0	
	28	银收	1	收到通用公司所欠房费													7	5	0	0	0	0	0	借	1	6	0	0	0	0	0	0	

其他应收款总分类账

2018年		凭证		摘要	借方									贷方									借或贷	余额								
月	日	种类	号数		百	十	万	千	百	十	元	角	分	百	十	万	千	百	十	元	角	分		百	十	万	千	百	十	元	角	分
7	1	-		月初余额																			借		7	2	5	0	0	0	0	0

其他应付款总分类账

2018年		凭证		摘要	借方								贷方								借或贷	余额							
月	日	种类	号数		百	十	万	千	百	十	元	角	分	百	十	万	千	百	十	元	角	分		百	十	万	千	百	十	元	角	分
7	1			月初余额																			贷		1	1	2	0	0	0	0
	17	现收	1	张程报销差旅费												6	0	0	0	0	0	0	贷		1	7	2	0	0	0	0

管理费用总分类账

2018年		凭证		摘要	借方									贷方									借或贷	余额								
月	日	种类	号数		百	十	万	千	百	十	元	角	分	百	十	万	千	百	十	元	角	分		百	十	万	千	百	十	元	角	分
7	6	银付	1	购买办公用品				3	5	6	0	0	0										借				3	5	6	0	0	0
	17	现收	1	张程报销差旅费				4	5	0	0	0	0										借				8	0	6	0	0	0

记 账 凭 证

总号	
分号	

年　　月　　日　　　　　　　　　　附件　　　张

摘　　要	一级科目	二级及明细科目	过账	借方金额								贷方金额							
				十	万	千	百	十	元	角	分	十	万	千	百	十	元	角	分
合　计																			

财务主管　　　　　记账　　　　　出纳　　　　　　　复核　　　　　　制单

记 账 凭 证

总号	
分号	

年　　月　　日　　　　　　　　　　附件　　　张

摘　　要	一级科目	二级及明细科目	过账	借方金额								贷方金额							
				十	万	千	百	十	元	角	分	十	万	千	百	十	元	角	分
合　计																			

财务主管　　　　　记账　　　　　出纳　　　　　　　复核　　　　　　制单

记 账 凭 证

总号	
分号	

年　　月　　日　　　　　　　　　附件　　张

摘　要	一级科目	二级及明细科目	过账	借方金额								贷方金额							
				十	万	千	百	十	元	角	分	十	万	千	百	十	元	角	分
合　计																			

财务主管　　　　　记账　　　　　出纳　　　　　　复核　　　　　制单

记 账 凭 证

总号	
分号	

年　　月　　日　　　　　　　　　附件　　张

摘　要	一级科目	二级及明细科目	过账	借方金额								贷方金额							
				十	万	千	百	十	元	角	分	十	万	千	百	十	元	角	分
合　计																			

财务主管　　　　　记账　　　　　出纳　　　　　　复核　　　　　制单

实训三　收入核算

一、实训目的

掌握酒店营业收入的核算。

二、实训资料

1. 香榭里拉大酒店 9 月 21 日营业日报及内部交款单

2. 记账凭证

注：营业日报中各项收入均为含税收入，增值税税率为 6%；客房收入包括房金、客房小酒吧、洗衣、电话及商务中心收入。

三、实训要求

根据 9 月 21 日各部门营业日报编制记账凭证。

香榭里拉大酒店寓客账营业日报

2018 年 9 月 21 日　　　　　　　　　　　　　　　　单位：元

借方	金额	贷方	金额
房金	160 994.90	现金	137 016.77
小酒吧	5610.00	支票	57 065.14
洗衣	73.26	信用卡	32 872.95
电话收入	509.63	转外客账	123 106.50
商务中心	6 679.64		
餐饮	93 954.30		
会议	16 500.00		
康乐	18 334.80		
代办：			
洗衣费	732.60		
长途电信局	5 096.30		
本日应收合计	308 485.43	本日结算合计	350 061.36
		昨日余额	418 925.38
		今日余额	377 349.45

复核：王 其　　　　　　　　　　　　制表：朱 虹

香榭里拉大酒店交款单

部门：客房部　　　　　　　2018 年 9 月 21 日

人民币	（大写）壹拾叁万柒仟零壹拾陆元柒角柒分	百	十	万	千	百	十	元	角	分
		￥	1	3	7	0	1	6	7	7
账单号码	略									
备注	现金									

部门经理　　　　记账　　　　出纳 张 红　　　　审核 王 其　　　　制单 朱 虹

香榭里拉大酒店交款单

部门：客房部　　　　　　　　　　　2018 年 9 月 21 日

人民币	（大写）伍万柒仟零陆拾伍元壹角肆分	百	十	万	千	百	十	元	角	分
				￥	5	7	0	6	5	1	4
账单号码	略									
备注	支票									

部门经理　　　　　记账　　　　　出纳 张 红　　　　　审核 王 其　　　　　制单 朱 虹

香榭里拉大酒店交款单

部门：客房部　　　　　　　　　　　2018 年 9 月 21 日

人民币	（大写）叁万贰仟捌佰柒拾贰元玖角伍分	百	十	万	千	百	十	元	角	分
				￥	3	2	8	7	2	9	5
账单号码	略									
备注	信用卡									

部门经理　　　　　记账　　　　　出纳 张 红　　　　　审核 王 其　　　　　制单 朱 虹

香榭里拉大酒店商务中心营业日报

2018 年 9 月 21 日　　　　　　　　　　　　　单位：元

业务项目	金　额	结算内容			
		现金	信用卡	外客账（单位）	寓客账
复印	210.00				210.00
打字	1 200.00				1 200.00
传真	2 566.00				2 566.00
电传	1 156.00				1 156.00
设备出租	1 312.64				1 312.64
其他	235.00				235.00
服务费	0.00				0.00
合计	￥6 679.64	0.00	0.00	0.00	￥6 679.64

审核 王 其　　　　　　　　　　　制表 王 方

香榭里拉大酒店餐饮部营业日报

2018 年 9 月 21 日 单位：元

业务项目	金 额	结算内容			
		现金	信用卡	外客账	寓客账
食品收入	24 225.80	5 435.00	689.00	6 561.00	11 540.80
中餐厅	112 535.50	25 096.00	19 344.50	21 408.00	46 687.00
西餐厅	75 045.00	28 956.00	11 329.00	7 289.00	27 471.00
饮品收入	6 826.00	2 027.00	1 208.00	1 045.00	2 546.00
服务费收入	12 812.50	3 516.00	876.50	3 356.00	5 064.00
杂项收入	1 312.80	562.30	0.00	105.00	645.50
合计	￥232 757.60	￥65 592.30	￥33 447.00	￥39 764.00	￥93 954.30

审核 王其 制表 汪荣

香榭里拉大酒店交款单

部门：餐饮部 2018 年 9 月 21 日

人民币	（大写）陆万伍仟伍佰玖拾贰元叁角	百	十	万	千	百	十	元	角	分
			￥	6	5	5	9	2	3	0
账单号码	略									
备注	现金									

部门经理 记账 出纳 张红 审核 王其 制单 汪荣

香榭里拉大酒店交款单

部门：餐饮部 2018 年 9 月 21 日

人民币	（大写）叁万叁仟肆佰肆拾柒元整	百	十	万	千	百	十	元	角	分
			￥	3	3	4	4	7	0	0
账单号码	略									
备注	信用卡									

部门经理 记账 出纳 张红 审核 王其 制单 汪荣

香榭里拉大酒店会议部营业日报

2018 年 9 月 21 日　　　　　　　　　　　　　　　　单位：元

业务项目	金　额	结算内容			
		现金	信用卡	外客账（单位）	寓客账
会场	22 000.00			12 000.00	10 000.00
茶歇	12 000.00			6 000.00	6 000.00
设备出租	1 060.00			560.00	500.00
其他	25.00			25.00	
合计	￥35 085.00	0.00	0.00	￥18 585.00	￥16 500.00

审核　王 其　　　　　　　　　　　　　　制表　庄惠明

香榭里拉大酒店康乐部营业日报

2018 年 9 月 21 日　　　　　　　　　　　　　　　　单位：元

业务项目	金　额	结算内容			
		现金	信用卡	外客账（单位）	寓客账
理发	532.00	212.00			320.00
桑拿	5 734.00	1 230.00			4 504.00
健身房	15 578.00	9 938.00			5 640.00
棋牌室	9 806.80	2 500.00			7 306.80
DISCO 舞厅	46 684.00	30 120.00		16 000.00	564.00
合计	￥78 334.80	￥44 000.00	0.00	￥16 000.00	￥18 334.80

审核　王 其　　　　　　　　　　　　　　制表　江 涛

香榭里拉大酒店交款单

部门：康乐部　　　　　　2018 年 9 月 21 日

人民币	（大写）肆万肆仟元整	百	十	万	千	百	十	元	角	分
			￥	4	4	0	0	0	0	0
账单号码	略									
备注	现金									

部门经理　　　　记账　　　　出纳　张 红　　　　审核　王 其　　　　制单　吴 昊

记 账 凭 证

总号	
分号	

年　　月　　日　　　　　　　　　附件　　张

摘　　要	一级科目	二级及明细科目	过账	借方金额								贷方金额							
				十	万	千	百	十	元	角	分	十	万	千	百	十	元	角	分
合　计																			

财务主管　　　　　　记账　　　　　出纳　　　　　　　　复核　　　　　　　　制单

记 账 凭 证

总号	
分号	

年　　月　　日　　　　　　　　　附件　　张

摘　　要	一级科目	二级及明细科目	过账	借方金额								贷方金额							
				十	万	千	百	十	元	角	分	十	万	千	百	十	元	角	分
合　计																			

财务主管　　　　　　记账　　　　　出纳　　　　　　　　复核　　　　　　　　制单

记 账 凭 证

	总号	
	分号	

年　月　日　　　　　　　　附件　　张

摘　　要	一级科目	二级及明细科目	过账	借方金额									贷方金额								
				十	万	千	百	十	元	角	分	十	万	千	百	十	元	角	分		
合　计																					

财务主管　　　　　记账　　　　　　出纳　　　　　　　　复核　　　　　　　制单

记 账 凭 证

	总号	
	分号	

年　月　日　　　　　　　　附件　　张

摘　　要	一级科目	二级及明细科目	过账	借方金额									贷方金额								
				十	万	千	百	十	元	角	分	十	万	千	百	十	元	角	分		
合　计																					

财务主管　　　　　记账　　　　　　出纳　　　　　　　　复核　　　　　　　制单

记 账 凭 证

总号	
分号	

年　　月　　日　　　　　　　　　　附件　　　张

摘　要	一级科目	二级及明细科目	过账	借方金额								贷方金额							
				十	万	千	百	十	元	角	分	十	万	千	百	十	元	角	分
合　计																			

财务主管　　　　　记账　　　　　　出纳　　　　　　　　复核　　　　　　　　制单

记 账 凭 证

总号	
分号	

年　　月　　日　　　　　　　　　　附件　　　张

摘　要	一级科目	二级及明细科目	过账	借方金额								贷方金额							
				十	万	千	百	十	元	角	分	十	万	千	百	十	元	角	分
合　计																			

财务主管　　　　　记账　　　　　　出纳　　　　　　　　复核　　　　　　　　制单

实训四　成本核算

一、餐饮成本核算

（一）实训目的

掌握餐饮成本的核算。

（二）实训资料

1. 经济业务
2. 原始凭证及原始凭证汇总表
3. 记账凭证

（三）实训要求

根据原始凭证和原始凭证汇总表编制记账凭证。

香榭里拉大酒店 2018 年 10 月部分经济业务如下：

1. 1 日，根据上月末食品原料盘点单，转回上月假退料① 成本 42 208 元，其中餐饮食品原料成本为 23 258 元，客房小酒吧食品原料成本为 18 950 元。

2. 11 日，根据食品原料领料汇总单结转餐饮成本 506 000 元，客房小酒吧营业成本 66 800 元，员工食堂（独立核算）领料 78 560 元。

3. 21 日，根据鲜活食品原料进货汇总单结转餐饮成本 449 182 元。酒店与供应商按月结算款项，不考虑增值税。

4. 31 日，根据内部调拨汇总单进行成本结转，金额为 937 元。

5. 31 日，根据本月食品原料盘存表，结转假退料成本 62 880 元，其中餐饮食品原料 38 500 元，客房小酒吧食品原料 24 380 元。

---

① 假退料亦称假退库，指月末将已领用但并未实际使用的原材料等填制红字领料单，退回仓库；下月初填制相同内容的蓝字领料单等额领回，而实物不需要移动的一种会计处理程序。

经济业务（1-1）

香榭里拉大酒店食品原料盘存表

2018 年 9 月 30 日 单位：元

名称及规格	单位	存量	单价	金额
进口牛柳	千克	2.30	140.00	322.00
进口西冷	千克	3.00	97.00	291.00
进口肉眼	千克	2.00	148.00	256.00
T骨牛排	千克	2.50	135.00	337.50
牛霖肉	千克	5.00	23.00	115.00
...	...	...	...	...
合计				￥23 258.00

部门主管 孙 吉 制表 吴在工

经济业务（1-2）

香榭里拉大酒店客房酒吧盘存表

2018 年 9 月 30 日 单位：元

名称及规格	单位	存量	单价	金额
啤酒	听	500	5.00	2 500.00
矿泉水	瓶	520	4.00	2 080.00
红葡萄酒	瓶	100	10.00	1 000.00
雪莉酒	瓶	120	8.50	1 020.00
橙汁	听	500	5.00	2 500.00
菠萝汁	听	521	5.00	2 605.00
...		...	...	...
合计				￥18 950.00

部门主管 张国辉 制表 吴在工

经济业务（2-1）

香榭里拉大酒店食品原料领料汇总单

日期：2018 年 10 月 1～10 日

领料部门：餐饮部 单位：元

名称及规格	单位	数量	单价	金额
鱼露	瓶	21	9.80	205.80
金枪鱼	听	11	11.00	121.00
红腰豆	听	20	11.20	224.00
白兰地酒	瓶	30	11.50	345.00
白葡萄酒	瓶	51	22.00	1 122.00
玉米碎	听	45	3.20	144.00
三花淡奶	听	100	6.80	680.00
茄汁黄豆	听	45	3.30	148.50
糖水菠萝	听	65	4.60	299.00
意大利面条	包	120	8.60	1 032.00
通心粉	包	53	55.80	2 957.40
粉丝	包	130	4.00	520.00
...	...	...	...	...
合计				￥506 000.00

审核 王 其 制表 吴在工

经济业务（2-2）

香榭里拉大酒店食品原料领料汇总单

日期：2018 年 10 月 1～10 日

领料部门：客房小酒吧 单位：元

名称及规格	单位	数量	单价	金额
啤酒	听	750	5.00	3 750.00
矿泉水	瓶	650	4.00	2 600.00
红葡萄酒	瓶	210	10.00	2 100.00
雪莉酒	瓶	250	8.50	2 125.00
橙汁	听	450	5.00	2 250.00
菠萝汁	听	521	5.00	2 605.00
...	...	...	...	...
合计				￥66 800.00

审核 王 其 制表 吴在工

经济业务（2-3）

香榭里拉大酒店食品原料领料汇总单

日期：2018 年 10 月 1～10 日

领料部门：员工食堂　　　　　　　　　　　　　　　　　　　　　单位：元

名称及规格	单位	数量	单价	金额
鸡翅	千克	24	5.00	120.00
鸡腿	千克	12	4.00	48.00
鸡胸	千克	25	10.00	250.00
冰鲜草虾	盒	50	21.25	1 062.50
肋排	千克	51	17.50	892.50
开洋	千克	5	96.00	480.00
…	…	…	…	…
合计				￥78 560.00

审核　王 其　　　　　　　　　　　制表　吴在工

经济业务（3）

香榭里拉大酒店鲜活食品原料进货汇总单

日期：2018 年 10 月 11～20 日　　　　　　　　　　　　　　　单位：元

收 货 单	供 应 商	金 额
122—1	水产批发部	354 766.00
122—2	乳品厂	48 867.00
122—3	蔬菜公司	45 549.00
合计		￥449 182.00

审核　王 其　　　　　　　　　　　制表　朱 明

经济业务（4）

香榭里拉大酒店内部调拨汇总单

日期：2018 年 10 月 20～31 日

调入部门：客房小酒吧　　　　　　　　　　　　　　　　　调出部门：餐饮部

名称及规格	单位	数量	单价	金额
雪莉酒	瓶	40	8.50	340.00
橙汁	听	60	5.00	300.00
菠萝汁	听	60	4.95	297.00
合计				￥937.00

调入部门　张国辉　　　　　　　　　　　调出部门　孙 吉

经济业务（5-1）

香榭里拉大酒店食品原料盘存表

2018 年 10 月 31 日   单位：元

名称及规格	单位	存量	单价	金额
进口牛柳	千克	2.00	142.00	284.00
进口西冷	千克	3.20	97.00	310.40
进口肉眼	千克	1.50	148.00	222.00
三黄鸡	千克	2.50	19.00	47.50
肋排	千克	2.00	17.50	35.00
…	…	…	…	…
合计				￥38 500.00

部门主管 孙 吉   制表 吴在工

经济业务（5-2）

香榭里拉大酒店客房酒吧盘存表

2018 年 10 月 31 日   单位：元

名称及规格	单位	存量	单价	金额
啤酒	听	521	4.70	2 448.70
矿泉水	瓶	421	4.00	1 684.00
红葡萄酒	瓶	100	10.00	1 000.00
雪莉酒	瓶	120	8.50	1 020.00
橙汁	听	400	5.00	2 000.00
菠萝汁	听	410	5.00	2 050.00
…	…	…	…	…
合计				￥24 380.00

部门主管 张国辉   制表 吴在工

记 账 凭 证

年　　月　　日　　　　　　　　　　　　　附件　　张

总号	
分号	

摘　要	一级科目	二级及明细科目	过账	借方金额								贷方金额							
				十	万	千	百	十	元	角	分	十	万	千	百	十	元	角	分
合　计																			

财务主管　　　　　记账　　　　　出纳　　　　　　　复核　　　　　　　制单

记 账 凭 证

年　　月　　日　　　　　　　　　　　　　附件　　张

总号	
分号	

摘　要	一级科目	二级及明细科目	过账	借方金额								贷方金额							
				十	万	千	百	十	元	角	分	十	万	千	百	十	元	角	分
合　计																			

财务主管　　　　　记账　　　　　出纳　　　　　　　复核　　　　　　　制单

记 账 凭 证

总号	
分号	

年　月　日　　　　　　　　附件　　张

摘　要	一级科目	二级及明细科目	过账	借方金额									贷方金额								
				十	万	千	百	十	元	角	分		十	万	千	百	十	元	角	分	
合　计																					

财务主管　　　　　记账　　　　　出纳　　　　　　　复核　　　　　　制单

记 账 凭 证

总号	
分号	

年　月　日　　　　　　　　附件　　张

摘　要	一级科目	二级及明细科目	过账	借方金额									贷方金额								
				十	万	千	百	十	元	角	分		十	万	千	百	十	元	角	分	
合　计																					

财务主管　　　　　记账　　　　　出纳　　　　　　　复核　　　　　　制单

记 账 凭 证

	总号	
	分号	

年　　月　　日　　　　　　　　　　附件　　张

摘　要	一级科目	二级及明细科目	过账	借方金额								贷方金额							
				十	万	千	百	十	元	角	分	十	万	千	百	十	元	角	分
合　计																			

财务主管　　　　　记账　　　　　出纳　　　　　　复核　　　　　　制单

记 账 凭 证

	总号	
	分号	

年　　月　　日　　　　　　　　　　附件　　张

摘　要	一级科目	二级及明细科目	过账	借方金额								贷方金额							
				十	万	千	百	十	元	角	分	十	万	千	百	十	元	角	分
合　计																			

财务主管　　　　　记账　　　　　出纳　　　　　　复核　　　　　　制单

二、商场成本核算

（一）实训目的

掌握商场成本的核算。

（二）实训资料

1. 经济业务
2. 原始凭证
3. 记账凭证

（三）实训要求

按"商品进销差价法"核算商场成本，并编制记账凭证。

香榭里拉大酒店 2018 年 10 月部分经济业务如下：

1. 30 日，向上海食品批发公司购入食品一批，计进价金额 65 000 元，款项以转账支票支付，食品已由食品柜验收，售价为 87 300 元。

2. 30 日，向上海百货批发公司购进百货商品一批，计进价金额 58 000 元，款项以转账支票支付，商品由百货柜验收。售价为 76 450 元。

3. 31 日，商场各柜组销售情况如下：食品柜为 38 980 元，百货柜为 37 840 元。货款结算中现金为 67 240 元，信用卡为 9 580 元。

4. 31 日，已知月末调整前"商品进销差价"余额 281 450 元，其中食品柜 151 250 元，百货柜 130 200 元。根据"商品进销存月报表"，计算并结转食品柜和百货柜已销商品进销差价。

5. 31 日，根据"商品进销存月报表"，将商品含税销售收入进行价税分离，计算并结转本月零售商品应交增值税税额。

经济业务（1-1）

香榭里拉大酒店收货单

收货部门：商场食品柜　　　　　　　2018 年 10 月 30 日　　　　　　供应商：上海食品批发公司

品名	单位	数量	进价		零售价（含税）		进销差价
			单价	金额	单价	金额	金额
台湾牛肉干	袋	1 000	18.10345	18 103.45	27.00	27 000.00	8 896.55
太仓肉松	袋	1 000	10.77586	10 775.86	16.70	16 700.00	5 924.14
莆田桂圆	袋	500	26.72414	13 362.07	40.00	20 000.00	6 637.93
广东话梅	袋	500	5.17242	2 586.21	10.00	5 000.00	2 413.79
果仁巧克力	盒	500	8.62068	4 310.34	15.00	7 500.00	3 189.66
方便面	包	1 000	3.44828	3 448.28	5.50	5 500.00	2 051.72
奶粉	包	200	17.2414	3 448.28	28.00	5 600.00	2 151.72
合计				56 034.49		87 300.00	31 265.51

验收 刘 明　　　　　　　　　　　　　　　　制表 张杰

经济业务（1-2）

上海增值税专用发票

NO. 1070217

开票日期：2018 年 10 月 30 日

购买方	名　　称：香榭里拉大酒店管理有限公司 纳税人识别号：3301052071130404X2 地 址、电 话：上海市浦东新区东方路100号58880088 开户行及账号：建行浦东分行0552160033446880	密码区	8005+02542*999111+943*667//7 2+*</8-4<0/>9555+*492>55929> +0<*6558332</3/*5674876*8 0+*993+1*901664<19<0804/3315

项目	单位	数量	单价	金额	税率	税额
台湾牛肉干	袋	1 000	21.00	18 103.45	16%	2 896.55
太仓肉松	袋	1 000	12.50	10 775.86		1 724.14
莆田桂圆	袋	500	31.00	13 362.07		2 137.93
广东话梅	袋	500	6.00	2 586.21		413.79
果仁巧克力	盒	500	10.00	4 310.34		689.66
方便面	包	1 000	4.00	3 448.28		551.72
奶粉	包	200	20.00	3 448.28		551.72
合计				￥56 034.49		￥8 965.51

价税合计（大写）	陆万伍仟元整		（小写）￥65 000.00

销售方	名　　称：上海食品批发公司 纳税人识别号：340224507122317 地 址、电 话：上海虹桥路 1288 号　64721588 开户行及账号：工行虹桥路支行 058-0446611	备注	上海食品批发公司 发票专用章

收款人：许芳　　　　复核：李勇平　　　开票人：周丽　　　　　销售方：（章）

经济业务（1-3）

中国建设银行
支票存根
AK05072267

科　　目＿＿＿＿＿＿＿＿＿＿＿
对方科目＿＿＿＿＿＿＿＿＿＿＿
出票日期 2018 年 10 月 30 日

| 收款人：上海食品批发公司 |
| 金额：￥65 000.00 |
| 用途：支付购货款 |

单位主管　林彬　　会计　李鹏

经济业务（2-1）

中国建设银行
支票存根
AK05072268

科　　目＿＿＿＿＿＿＿＿＿＿＿
对方科目＿＿＿＿＿＿＿＿＿＿＿
出票日期 2018 年 10 月 30 日

| 收款人：上海百货批发公司 |
| 金额：￥58 000.00 |
| 用途：支付购货款 |

单位主管　林彬　　会计　李鹏

经济业务（2-2）

香榭里拉大酒店收货单

收货部门：商场百货柜　　　　　　2018 年 10 月 30 日　　　　　　供应商：上海百货批发公司

| 品名 | 单位 | 数量 | 进价 | | 零售价（含税） | | 进销差价 |
			单价	金额	单价	金额	金额
法国香水	瓶	100	38.7931	3 879.31	68.00	6 800.00	2 920.69
美白霜	瓶	200	25.86205	5 172.41	42.50	8 500.00	3 327.59
毛巾	条	200	12.93105	2 586.21	30.00	6 000.00	3 413.79
高级内衣	套	100	64.6552	6 465.52	75.50	7 550.00	1 084.48
男式羊毛内衣	套	100	120.6897	12 068.97	168.00	16 800.00	4 731.03
女式羊毛内衣	套	100	103.4483	10 344.83	148.00	14 800.00	4 455.17
电子表	块	200	47.4138	9 482.76	80.00	16 000.00	6 517.24
合计				50 000.01		76 450.00	26 449.99

验收 刘 明　　　　　　　　　　　　　　　制表 张杰

经济业务（2-3）

上海增值税专用发票

NO. 1110319

开票日期：2018 年 10 月 30 日

购买方	名　　　称：香榭里拉大酒店管理有限公司 纳税人识别号：3301052071130404X2 地址、电话：上海市浦东新区东方路100号58880088 开户行及账号：建行浦东分行0552160033446880	密码区	8005+02542*999111+943*667//7 2+*</8-4<0/>9555+*492>55929> +0<*6558332</3/*5674876*8 0+*993+1*901664<19<0804/3315

项目	单位	数量	单价	金额	税率	税额
法国香水	瓶	100	45.00	3 879.31	16%	620.69
美白霜	瓶	200	30.00	5 172.41		827.59
毛巾	条	200	75.00	2 586.21		413.79
高级内衣	套	100	50.00	6 465.52		1 034.48
男式羊毛内衣	套	100	140.00	12 068.97		1 931.03
女式羊毛内衣	套	100	120.00	10 344.83		1 655.17
电子表	块	200	75.00	9 482.76		1 517.24
合计				￥50 000.01		￥7 999.99

价税合计（大写）	伍万捌仟元整		（小写）￥58 000.00

销售方	名　　　称：上海百货批发公司 纳税人识别号：330224435668317 地址、电话：上海浦建路1285 号 58261599 开户行及账号：建行浦东分行 212-04558913	备注	上海百货批发公司 发票专用章

收款人：李艳　　　复核：周海燕　　　开票人：李刚　　　销售方：（章）

经济业务（3-1）

香榭里拉大酒店商品销售日报表

2018 年 10 月 31 日

单位：元

营业柜组	销售金额	结算内容		
		信用卡	现金	其他
食品柜	38 980.00	8 500.00	30 480.00	0.00
百货柜	37 840.00	1 080.00	36 760.00	0.00
合计	76 820.00	9 580.00	67 240.00	0.00

审核：王其　　　　　　　　　制表：刘平

经济业务（3-2）

香榭里拉大酒店商品进销存日报表

2018 年 10 月 31 日 单位：元

项目	百货	食品	合计	项目	百货	食品	合计
昨日结存	9 280.00	7 605.00	16 885.00	今日发出	37 840.00	38 980.00	76 820.00
今日购进	76 450.00	87 300.00	163 750.00	调价减值	/	/	/
调价增值	/	/	/	今日盘亏	/	/	/
今日盘盈	/	/	/	今日结存	47 890.00	55 925.00	103 815.00
合计	85 730.00	94 905.00	180 635.00	合计	85 730.00	94 905.00	180 635.00

审核：王 其 制表：刘 平

经济业务（4-1）

香榭里拉大酒店商品进销存月报表

2018 年 10 月 31 日 单位：元

商品类别	月初结存	本月购进	合计	本月销售	月末结存
百货	20 815.00	380 250.00	401 065.00	353 175.00	47 890.00
食品	16 710.00	364 300.00	381 010.00	325 085.00	55 925.00
合计	37 525.00	744 550.00	782 075.00	678 260.00	103 815.00

经济业务（4-2）

已销商品进销差价计算表

2018 年 10 月 31 日 单位：元

营业柜组	月末进销差价余额	按售价计算的全部商品		进销差价率（%）	商品进销差价	
		本月已销售总额	月末库存商品余额		已销商品	库存商品
	(1)	(2)	(3)	$(4)=\dfrac{(1)}{(2)+(3)}\times100\%$	(5)=(2)×(4)	(6)=(1)-(5)
食品						
百货						
合计						

复核： 制表：

经济业务（5）

含税商品销售收入价税分离计算表

2018 年 10 月　　　　　　　　　　　　　　　　　单位：元

商品类别	本月含税收入	增值税率(16%)	不含税收入	销项税额
百货				
食品				
合计				

复核：　　　　　　　　　　　制表：

记　账　凭　证

总号	
分号	

年　　月　　日　　　　　　　　　　　附件　　　张

摘　要	一级科目	二级及明细科目	过账	借方金额								贷方金额							
				十	万	千	百	十	元	角	分	十	万	千	百	十	元	角	分
合　计																			

财务主管　　　　　　记账　　　　　　出纳　　　　　　复核　　　　　　制单

记 账 凭 证

总号	
分号	

年　　月　　日　　　　　　　　附件　　张

摘　要	一级科目	二级及明细科目	过账	借方金额								贷方金额							
				十	万	千	百	十	元	角	分	十	万	千	百	十	元	角	分
合　计																			

财务主管　　　　　　记账　　　　　　出纳　　　　　　　　复核　　　　　　　制单

记 账 凭 证

总号	
分号	

年　　月　　日　　　　　　　　附件　　张

摘　要	一级科目	二级及明细科目	过账	借方金额								贷方金额							
				十	万	千	百	十	元	角	分	十	万	千	百	十	元	角	分
合　计																			

财务主管　　　　　　记账　　　　　　出纳　　　　　　　　复核　　　　　　　制单

记 账 凭 证

总号	
分号	

年　　月　　日　　　　　　　　附件　　张

摘　　要	一级科目	二级及明细科目	过账	借方金额								贷方金额							
				十	万	千	百	十	元	角	分	十	万	千	百	十	元	角	分
合　　计																			

财务主管　　　　　记账　　　　　出纳　　　　　　　复核　　　　　　　　制单

记 账 凭 证

总号	
分号	

年　　月　　日　　　　　　　　附件　　张

摘　　要	一级科目	二级及明细科目	过账	借方金额								贷方金额							
				十	万	千	百	十	元	角	分	十	万	千	百	十	元	角	分
合　　计																			

财务主管　　　　　记账　　　　　出纳　　　　　　　复核　　　　　　　　制单

记 账 凭 证

总号	
分号	

年　月　日　　　　　　　　　　　附件　　张

摘　要	一级科目	二级及明细科目	过账	借方金额								贷方金额							
				十	万	千	百	十	元	角	分	十	万	千	百	十	元	角	分
合　计																			

财务主管　　　　　　记账　　　　　　出纳　　　　　　　　复核　　　　　　　　制单

记 账 凭 证

总号	
分号	

年　月　日　　　　　　　　　　　附件　　张

摘　要	一级科目	二级及明细科目	过账	借方金额								贷方金额							
				十	万	千	百	十	元	角	分	十	万	千	百	十	元	角	分
合　计																			

财务主管　　　　　　记账　　　　　　出纳　　　　　　　　复核　　　　　　　　制单

实训五　工资核算

一、职工工资和代扣代缴业务核算

（一）实训目的

掌握职工工资和代扣代缴业务核算。

（二）实训资料

1. 香榭里拉大酒店 2018 年 8 月"工资结算汇总表"

2. 记账凭证

（三）实训要求

1. 根据"工资结算汇总表"进行应付工资的分配和计提福利费核算

2. 根据"工资结算汇总表"结转本月代扣代缴费用

3. 委托建行办理代发工资转存信用卡业务，发放 8 月份进卡工资，并支付银行代发工资手续费（银行按 0.5 元 / 人收取，8 月工资实发人数为 260 人）

香榭里拉大酒店 8 月份工资结算汇总表

部门	基本工资	津贴	加班费	中夜班	独补	洗理费	交通补贴	扣款	应发工资
客房部	123 444.00	12 060.00	450.00	4 680.00	450.00	4 680.00	10 815.00	1 200.00	155 379.00
餐饮部	145 620.00	11 055.00	5 400.00	846.00	412.50	4 290.00	9 930.00	1 125.00	176 428.50
康乐部	39 487.50	945.00	4 950.00	825.00	69.00	351.00	816.00	0.00	47 443.50
会议部	32 655.00	1 206.00	405.00	67.50	94.50	468.00	1 080.00	0.00	35 976.00
销售部	76 512.00	1 507.50	540.00	99.00	133.50	585.00	1 359.00	0.00	80 736.00
前厅部	90 510.00	7 815.00	720.00	142.50	189.00	4 470.00	10 440.00	840.00	113 446.50
管理部门	384 618.00	13 467.00	5 985.00	1 020.00	340.50	5 376.00	21 000.00	2 040.00	429 766.50
合计	892 846.50	48 055.50	18 450.00	7 680.00	1 689.00	20 220.00	55 440.00	5 205.00	1 039 176.00

部门	工会会费	住房公积金	养老保险	医疗保险	失业保险	个人所得税	实发工资
客房部	360.00	7 191.99	8 219.42	2 054.85	513.72	2 734.50	134 304.52
餐饮部	330.00	8 484.00	9 696.00	2 424.00	606.00	4 089.00	150 799.50
康乐部	27.00	2 300.58	2 629.23	657.32	164.33	907.50	40 757.54
会议部	36.00	1 902.53	2 174.31	543.59	135.90	766.50	30 417.17
销售部	45.00	4 457.69	5 094.50	1 273.62	318.41	1 312.50	68 234.28
前厅部	285.00	5 273.22	6 026.54	1 506.63	376.67	1 527.00	98 451.44
管理部门	411.00	23 110.50	26 412.00	6 603.00	1 650.75	9 529.50	362 049.75
合计	1 494.00	52 720.51	60 252.00	15 063.01	3 765.78	20 866.50	885 014.20

部门主管 赵玉林　　复核 王 其　　制表 陈超美

记 账 凭 证

总号	
分号	

年　　月　　日　　　　　　　　　　　　附件　　　张

摘　要	一级科目	二级及明细科目	过账	借方金额									贷方金额								
				十	万	千	百	十	元	角	分		十	万	千	百	十	元	角	分	
合　计																					

财务主管　　　　　记账　　　　　出纳　　　　　　复核　　　　　　制单

记 账 凭 证

总号	
分号	

年　　月　　日　　　　　　　　　　　　附件　　　张

摘　要	一级科目	二级及明细科目	过账	借方金额									贷方金额								
				十	万	千	百	十	元	角	分		十	万	千	百	十	元	角	分	
合　计																					

财务主管　　　　　记账　　　　　出纳　　　　　　复核　　　　　　制单

记 账 凭 证

总号	
分号	

年　　月　　日　　　　　　　　　　附件　　张

摘　要	一级科目	二级及明细科目	过账	借方金额									贷方金额								
				十	万	千	百	十	元	角	分	十	万	千	百	十	元	角	分	
合　计																				

财务主管　　　　　记账　　　　　出纳　　　　　　复核　　　　　　制单

记 账 凭 证

总号	
分号	

年　　月　　日　　　　　　　　　　附件　　张

摘　要	一级科目	二级及明细科目	过账	借方金额									贷方金额								
				十	万	千	百	十	元	角	分	十	万	千	百	十	元	角	分	
合　计																				

财务主管　　　　　记账　　　　　出纳　　　　　　复核　　　　　　制单

记 账 凭 证

总号	
分号	

年　　月　　日　　　　　　　　附件　　　张

摘　　要	一级科目	二级及明细科目	过账	借方金额									贷方金额								
				十	万	千	百	十	元	角	分		十	万	千	百	十	元	角	分	
合　计																					

财务主管　　　　　记账　　　　　出纳　　　　　　复核　　　　　　制单

记 账 凭 证

总号	
分号	

年　　月　　日　　　　　　　　附件　　　张

摘　　要	一级科目	二级及明细科目	过账	借方金额									贷方金额								
				十	万	千	百	十	元	角	分		十	万	千	百	十	元	角	分	
合　计																					

财务主管　　　　　记账　　　　　出纳　　　　　　复核　　　　　　制单

二、单位缴纳五险一金业务核算

（一）实训目的

掌握单位缴纳"五险一金"业务核算。

（二）实训资料

1. 香榭里拉大酒店 2018 年 8 月"各项基金、经费计算表"
2. 香榭里拉大酒店 2018 年 8 月"各项基金、经费分配表"
3. 记账凭证

（三）实训要求

1. 根据"各项基金、经费计算表"计提各项基金、经费

2. 签发支票，缴纳各项基金经费（缴付款项包括代扣代缴部分，资料见实训五的"一、职工工资和代扣代缴业务核算"部分）

香榭里拉大酒店各项基金、经费计算表

2018 年 8 月

单位：元

计提项目	计提基数	计提比率	计提金额
住房公积金	上年月平均工资：753 150.00	7%	52 720.50
养老保险金		20%	150 630.00
医疗保险金		9.5%	71 549.25
失业保险金		0.5%	3 765.75
工伤保险金		1%	7 531.50
生育保险金		1%	7 531.50
工会经费	本月工资总额：1 039 176.00	2%	20 783.52
合计			314 512.02

复核　王其　　制单　陈超美

香榭里拉大酒店 8 月份各项基金、经费汇总表

单位：元

部门	住房公积金	养老保险	医疗保险	失业保险	工伤保险	生育保险	工会经费	合计
客房部	7 191.98	20 548.51	9 760.54	513.72	1 027.44	1 027.44	3 107.58	43 177.21
餐饮部	8 484.00	24 240.00	11 514.00	606.00	1 212.00	1 212.00	3 528.57	50 796.57
康乐部	2 300.58	6 573.09	3 122.22	164.30	328.60	328.60	948.87	13 766.26
会议部	1 902.53	5 435.80	2 582.01	135.90	271.80	271.80	719.52	11 319.36
销售部	4 457.69	12 736.26	6 049.72	318.41	636.82	636.82	1 614.72	26 450.44
前厅部	5 273.22	15 066.34	7 156.51	376.67	753.34	753.34	2 268.93	31 648.35
管理部门	23 110.50	66 030.00	31 364.25	1 650.75	3 301.50	3 301.50	8 595.33	137 353.83
合计	52 720.50	150 630.00	71 549.25	3 765.75	7 531.50	7 531.50	20 783.52	314 512.02

部门主管　赵玉林　　复核　王其　　制表　陈超美

记 账 凭 证

总号	
分号	

年　　月　　日　　　　　　　　　　　　附件　　　张

摘　要	一级科目	二级及明细科目	过账	借方金额									贷方金额								
				十	万	千	百	十	元	角	分	十	万	千	百	十	元	角	分		
合　计																					

财务主管　　　　　记账　　　　　出纳　　　　　　　复核　　　　　　制单

记 账 凭 证

总号	
分号	

年　　月　　日　　　　　　　　　　　　附件　　　张

摘　要	一级科目	二级及明细科目	过账	借方金额									贷方金额								
				十	万	千	百	十	元	角	分	十	万	千	百	十	元	角	分		
合　计																					

财务主管　　　　　记账　　　　　出纳　　　　　　　复核　　　　　　制单

记　账　凭　证

总号	
分号	

年　　月　　日　　　　　　　　　　附件　　　张

摘　要	一级科目	二级及明细科目	过账	借方金额								贷方金额							
				十	万	千	百	十	元	角	分	十	万	千	百	十	元	角	分
合　计																			

财务主管　　　　　记账　　　　　　出纳　　　　　　　　复核　　　　　　　　制单

记　账　凭　证

总号	
分号	

年　　月　　日　　　　　　　　　　附件　　　张

摘　要	一级科目	二级及明细科目	过账	借方金额								贷方金额							
				十	万	千	百	十	元	角	分	十	万	千	百	十	元	角	分
合　计																			

财务主管　　　　　记账　　　　　　出纳　　　　　　　　复核　　　　　　　　制单

记 账 凭 证

总号	
分号	

年　月　日　　　　　附件　张

摘　要	一级科目	二级及明细科目	过账	借方金额									贷方金额								
				十	万	千	百	十	元	角	分	十	万	千	百	十	元	角	分		
合　计																					

财务主管　　　　记账　　　　出纳　　　　　　复核　　　　　　制单

记 账 凭 证

总号	
分号	

年　月　日　　　　　附件　张

摘　要	一级科目	二级及明细科目	过账	借方金额									贷方金额								
				十	万	千	百	十	元	角	分	十	万	千	百	十	元	角	分		
合　计																					

财务主管　　　　记账　　　　出纳　　　　　　复核　　　　　　制单

记 账 凭 证

	总号	
	分号	

年　月　日　　　　　　附件　　张

摘　要	一级科目	二级及明细科目	过账	借方金额									贷方金额								
				十	万	千	百	十	元	角	分		十	万	千	百	十	元	角	分	
合　计																					

财务主管　　　　　记账　　　　　出纳　　　　　　　　复核　　　　　　　制单

记 账 凭 证

	总号	
	分号	

年　月　日　　　　　　附件　　张

摘　要	一级科目	二级及明细科目	过账	借方金额									贷方金额								
				十	万	千	百	十	元	角	分		十	万	千	百	十	元	角	分	
合　计																					

财务主管　　　　　记账　　　　　出纳　　　　　　　　复核　　　　　　　制单

记 账 凭 证

	总号	
	分号	

年　　月　　日　　　　　　　　附件　　张

摘　要	一级科目	二级及明细科目	过账	借方金额								贷方金额							
				十	万	千	百	十	元	角	分	十	万	千	百	十	元	角	分
合　计																			

财务主管　　　　　记账　　　　　　出纳　　　　　　　　复核　　　　　　　制单

记 账 凭 证

	总号	
	分号	

年　　月　　日　　　　　　　　附件　　张

摘　要	一级科目	二级及明细科目	过账	借方金额								贷方金额							
				十	万	千	百	十	元	角	分	十	万	千	百	十	元	角	分
合　计																			

财务主管　　　　　记账　　　　　　出纳　　　　　　　　复核　　　　　　　制单

记 账 凭 证

	总号	
	分号	

年　月　日　　　　　　　　附件　　张

摘　要	一级科目	二级及明细科目	过账	借方金额								贷方金额							
				十	万	千	百	十	元	角	分	十	万	千	百	十	元	角	分
合　计																			

财务主管　　　　记账　　　　出纳　　　　　　　复核　　　　　　制单

记 账 凭 证

	总号	
	分号	

年　月　日　　　　　　　　附件　　张

摘　要	一级科目	二级及明细科目	过账	借方金额								贷方金额							
				十	万	千	百	十	元	角	分	十	万	千	百	十	元	角	分
合　计																			

财务主管　　　　记账　　　　出纳　　　　　　　复核　　　　　　制单

实训六 税费核算

一、实训目的

掌握相关税费的核算。

二、实训资料

1. 经济业务
2. 原始凭证
3. 记账凭证

三、实训要求

根据经济业务和原始凭证编制记账凭证。

香榭里拉大酒店 2018 年 11 月部分经济业务如下：

1. 5 日，签发支票缴纳 10 月份未交增值税 289 590 元，城市维护建设税 20 271.30 元，教育费附加 8 687.70 元，地方教育费附加 5 791.80 元，河道工程管理费 2 895.90 元，代扣代缴个人所得税 36 750 元。

2. 15 日，签发支票支付购印花税票费 35 000 元。

3. 30 日，转出未交增值税（11 月份销项税额 350 000 元，进项税额 100 000 元），并据此计算城市维护建设税、教育费附加、地方教育费附加、河道工程管理费等税费，其税率分别为 7%、3%、2%、1%。

经济业务（1）

电 子 缴 款 凭 证

打印日期：2018 年 11 月 5 日　　　　　　　　　No. 2018120907450261

纳税人识别号	3301052071130404X2		税务征收机关	上海市浦东新区税务局	
纳税人名称	香榭里拉大酒店管理有限公司		收款国库	国家金库上海市浦东新区支库	
开户银行	建设银行上海浦东分行		银行账号	31662800002010768	
系统税票号	税（费）种	税（品）目	所属时期	实缴金额	缴款日期
3201311163371418	城市维护建设费	市区	20181001-20181031	20 271.30	20181209
3201311163371419	教育费附加收入	教育费附加收入	20181001-20181031	8 687.70	20181209
3201311163371420	地方教育附加收入	地方教育附加收入	20181001-20181031	5 791.80	20181209
3201311163371421	增值税	现代服务业	20181001-20181031	289 590.00	20181209
3201311163371422	河道管理费收入	河道工程修建维护管理费	20181001-20181031	2 895.90	20181209
3201311163371501	个人所得税	工资、薪金所得	20181001-20181031	36 750.00	20181209
金额合计	（大写）叁拾陆万叁仟玖佰捌拾陆元柒角			￥363 986.70	

本缴款凭证仅作为纳税人记账核算凭证使用，需与银行对账单电子划缴记录核对一致方有效。纳税人需开具完税凭证，请凭税务登记证和有效身份证明，到税务主管理机关开具《税收电子转账专用完税证》。 税务机关（电子章）	电子签名串	TloWfdjhdfkabajh8adslajdl097rnldsfGk9we2kdfjadfbl5Adjflk028jfla7Hjsdjljl5%dflhaldhaldhfweu3i9lahsohfqihkA50sdjf23lakdfnzxn.nzhfoaojfu9u4poje0fsncadslkadjoawernlh23jfh9Kdg92gLidbiwbe9w

经济业务（2-1）

中华人民共和国
印花税销售凭证

填发日期 2018 年 11 月 15 日　　0076012

购买单位	香榭里拉大酒店管理有限公司			购买人	
购　买　印　花　税　票					
面值种类	数量	金额	面值种类	数量	金额
壹角票			伍元票	160	800.00
贰角票			拾元票	80	800.00
伍角票	50	25.00	伍拾元票	28	1 400.00
壹元票	75	75.00	壹佰元票	319	31 900.00
贰元票			总　计		￥35 000.00
金额总计（大写）	佰⊗拾叁万伍仟零佰零拾零元零角零分				
销售单位 上海市税务局浦东新区分局第二税务所印花税收讫章（3）（盖章）	（盖章）	备注			

第二联　收据联

经济业务（2-2）

中国建设银行
支票存根
AK05881227
科　　目
对方科目
出票日期 2018 年 11 月 15 日
收款人：上海市税务局浦东新区分局第二税务所
金额：￥35 000.00
用途：购印花税票
单位主管　林彬　　会计 张红

记 账 凭 证

年 月 日 　　　　　　附件 　张

总号
分号

摘　要	一级科目	二级及明细科目	过账	借方金额								贷方金额								
				十	万	千	百	十	元	角	分	十	万	千	百	十	元	角	分
合　计																			

财务主管　　　　记账　　　　　　出纳　　　　　　　复核　　　　　　　制单

记 账 凭 证

年 月 日 　　　　　　附件 　张

总号
分号

摘　要	一级科目	二级及明细科目	过账	借方金额								贷方金额								
				十	万	千	百	十	元	角	分	十	万	千	百	十	元	角	分
合　计																			

财务主管　　　　记账　　　　　　出纳　　　　　　　复核　　　　　　　制单

记 账 凭 证

	总号	
	分号	

年　　月　　日　　　　　　　　　　附件　　　张

摘　要	一级科目	二级及明细科目	过账	借方金额								贷方金额							
				十	万	千	百	十	元	角	分	十	万	千	百	十	元	角	分
合　计																			

财务主管　　　　　记账　　　　　出纳　　　　　　　复核　　　　　　制单

记 账 凭 证

	总号	
	分号	

年　　月　　日　　　　　　　　　　附件　　　张

摘　要	一级科目	二级及明细科目	过账	借方金额								贷方金额							
				十	万	千	百	十	元	角	分	十	万	千	百	十	元	角	分
合　计																			

财务主管　　　　　记账　　　　　出纳　　　　　　　复核　　　　　　制单

实训七　财产清查

一、原材料清查

（一）实训目的

掌握原材料清查。

（二）实训资料

香榭里拉大酒店 2018 年 12 月有关原材料清查资料：

1. 盘存单
2. "调和油 5L/ 桶" 原材料明细账
3. "稻花香大米 10KG/ 袋" 原材料明细账

（三）实训要求

1. 核对盘存单和原材料明细账，填制实存账存对比表
2. 根据实存账存对比表编制记账凭证

盘存单

单位名称：香榭里拉大酒店　　　盘点时间：2018 年 12 月 31 日　　　编号：

财产类别：原材料　　　存放地点：食品仓库

编 号	名 称	计量单位	实存数量	单 价	金 额	备 注
121—3	调和油5L/桶	桶	24	65.00	1 560	
121—4	稻花香大米 10KG/袋	袋	18	82.00	1 476	

盘点人：王　其　　　　　　　　　　　　　　　　保管人：邱永福

原材料明细分类账

名称　金龙鱼调和油　　类别　　　规格　5L/桶　　计量单位：桶

存放地点　　　储备天数　　　最高存量　　　最低存量

2018年		凭证		摘要	收入									发出									结存								
月	日	种类	号数		数量	单价	万	千	百	十	元	角	分	数量	单价	万	千	百	十	元	角	分	数量	单价	万	千	百	十	元	角	分
12	1			月初余额																			6	65			3	9	0	0	0
	2	转	21	餐饮部领用										5	65			3	2	5	0	0	1	65				6	5	0	0
	5	转	30	入库	18	65		1	1	7	0	0	0										19	65		1	2	3	5	0	0
	15	转	43	员工食堂领用										10	65			6	5	0	0	0	9	65			5	8	5	0	0
	17	转	52	入库	12	65			7	8	0	0	0										21	65		1	3	6	5	0	0
	20	转	67	餐饮部领用										20	65		1	3	0	0	0	0	1	65				6	5	0	0
	21	转	75	入库	24	65		1	5	6	0	0	0										25	65		1	6	2	5	0	0
	31			本月合计	54	65		3	5	1	0	0	0	35	65		2	2	7	5	0	0	25	65		1	6	2	5	0	0

原材料明细分类账

名称 金龙鱼稻花香大米　　规格 10KG/袋　　类别

计量单位：桶　　存放地点

最高存量　最低存量　储备天数

2018年		凭证		摘要	收入									发出									结存								
月	日	种类	号数		数量	单价	万	千	百	十	元	角	分	数量	单价	万	千	百	十	元	角	分	数量	单价	万	千	百	十	元	角	分
12	1			月初余额																			15	82		1	2	3	0	0	0
	2	转	22	餐饮部领用										10	82			8	2	0	0	0	5	82			4	1	0	0	0
	5	转	31	入库	10	82			8	2	0	0	0										15	82		1	2	3	0	0	0
	15	转	44	员工食堂领用										10	82			8	2	0	0	0	5	82			4	1	0	0	0
	17	转	53	入库	10	82			8	2	0	0	0										15	82		1	2	3	0	0	0
	20	转	68	餐饮部领用										12	82			9	8	4	0	0	3	82			2	4	6	0	0
	21	转	76	入库	15	82		1	2	3	0	0	0										18	82		1	4	7	6	0	0
	31			本月合计	35			2	8	7	0	0	0	32			2	6	2	4	0	0	18			1	4	7	6	0	0

106

实存账存对比表

年 月 日

编号	名称	计量单位	单价	实存		账存		盘盈		盘亏		备注
				数量	金额	数量	金额	数量	金额	数量	金额	

主管人员： 会计： 制度：

记 账 凭 证

年 月 日 附件 张

总号	
分号	

摘 要	一级科目	二级及明细科目	过账	借方金额								贷方金额							
				十	万	千	百	十	元	角	分	十	万	千	百	十	元	角	分
合 计																			

财务主管 记账 出纳 复核 制单

二、银行存款清查

（一）实训目的

掌握银行存款的清查。

（二）实训资料

香榭里拉大酒店 2018 年 12 月有关资料：

1. 银行存款对账单

2. 银行存款日记账

（三）实训要求

1. 逐笔勾对银行存款日记账和银行存款对账单，查出未达账项

2. 编制银行存款余额调节表 3

中国建设银行对公分户账对账单

账号：0552160033446880　户名：香榭里拉大酒店管理有限公司

上页余额：902 647.50

日期	凭证种类	凭证序号	摘要	借方发生额	贷方发生额	余额	记账信息
20181201	贷记凭证	03561234	房款		17 000.00	919 647.50	
20181202	贷记凭证	03561235	房款		10 200.00	929 847.50	
20181203	普通支票	30522167	备用金	60 000.00		869 847.50	
20181205	贷记凭证	03561240	代缴社保金	72 154.80		797 692.70	
20181205	贷记凭证	03561241	代缴公积金	24 585.00		773 107.70	
20181205	贷记凭证	03561242	进卡工资	367 155.95		405 951.75	
20181205	贷记凭证	03561243	手续费	115.50		405 836.25	
20181210	贷记凭证	03561244	房款		65 680.00	471 516.25	
20181212	贷记凭证	03561245	会议定金		50 000.00	521 516.25	
20181218	贷记凭证	03561246	食品原料款	5 936.45		515 579.80	
20181220			存款		72 000.00	587 579.80	
20181226			利息		416.54	587 996.34	
20181231	委托收款	167543	电话费	7 211.58		580 784.76	
20181231	委托收款	201284	水费	3 742.93		577 041.83	

银行存款日记账

2018年 月	日	凭证 种类	号数	摘要	借方	贷方	借或贷	余额
12	1			月初余额			借	902647.50
	1	银收	1	收到通用公司所欠房款	17000.00		借	919647.50
	2	银收	2	收到高淼公司所欠房款	10200.00		借	929847.50
	3	银付	1	提备用金		60000.00	借	869847.50
	5	银付	2	支付社会保险金		72154.80	借	797692.70
	5	银付	3	支付住房公积金		24585.00	借	773107.70
	5	银付	4	发放员工进卡工资		367155.95	借	405951.75
	5	银付	4	进卡工资手续费		115.50	借	405836.25
	10	银收	3	收到中山医院所欠房款	65680.00		借	471516.25
	12	银收	4	预收疾控中心会议定金	50000.00		借	521516.25
	18	银付	5	采购食品原料		5936.45	借	515579.80
	20	现付	6	现金解行	72000.00		借	587579.80
	26	银收	5	利息收入	416.54		借	587996.34
	30	银付	6	支付电费		9327.80	借	578668.54
	31	银付	7	支付大润发超市货款		3584.60	借	575083.94
	31			本月合计	215296.54	542860.10	借	575083.94

银行存款余额调节表

年　　月　　日　　　　　　　　　　　单位：元

项目	金额	项目	金额
企业银行存款账面余额		银行对账单账面余额	
调节后存款余额		调节后存款余额	

复核：　　　　　　　　　　　　　　制表：

实训八　财务报表编制

一、实训目的

掌握财务报表的编制。

二、实训资料

香榭里拉大酒店 2018 年 1 月有关资料：

1. 总分类账户及明细分类账户期初余额
2. 记账凭证

三、实训要求

1. 根据总分类账户余额资料开设账户并登记期初余额
2. 根据记账凭证逐笔登记总分类账户并结账
3. 试算平衡
4. 根据账簿记录编制资产负债表和利润表

总分类账户及明细分类账户期初余额

2018 年 1 月 1 日 单位：元

总账科目	明细科目	余额	
		借　方	贷　方
库存现金		112 000.00	
银行存款		6 246 600.00	
应收账款		1 120 000.00	
原材料	食品原料	299 639.79	
	工程材料	38 000.00	
	燃料	47 638.10	
	物料用品	194 417.83	
库存商品		36 963.00	
商品进销差价			9 860.00
周转材料		302 655.20	
固定资产		214 818 295.92	
累计折旧			138 762 141.84
短期借款			620 000.00
应付账款			23 990.00
应付职工薪			
应交税费	未交增值税		303 380.00
	城市维护建设税		21 236.60
	教育费附加		9 101.40
应付利息			
股本	普通股		80 000 000.00
资本公积			1 250 000.00
盈余公积			1 500 000.00
利润分配			716 500.00
本年利润			
合　计		223 216 209.84	223 216 209.84

记 账 凭 证

	总号	银收 1
	分号	1/1

2018 年 1 月 1 日　　　　　　　　　附件　1　张

摘　要	一级科目	二级及明细科目	过账	借方金额									贷方金额								
				十	万	千	百	十	元	角	分		十	万	千	百	十	元	角	分
收到通用公司所欠房费	银行存款	建行			5	0	0	0	0	0	0									
收到通用公司所欠房费	应收账款	通用公司												5	0	0	0	0	0	0
合　计				¥	5	0	0	0	0	0	0	0	¥	5	0	0	0	0	0	0

财务主管　　　　记账　　　　出纳 张红　　　　复核 王其　　　　制单 张红

记 账 凭 证

	总号	银付 1
	分号	1/1

2018 年 1 月 3 日　　　　　　　　　附件　1　张

摘　要	一级科目	二级及明细科目	过账	借方金额									贷方金额								
				十	万	千	百	十	元	角	分		十	万	千	百	十	元	角	分
支付水产批发公司货款	应付账款	水产批发			1	0	0	0	0	0	0									
支付水产批发公司货款	银行存款	建行												1	0	0	0	0	0	0
合　计				¥	1	0	0	0	0	0	0	0	¥	1	0	0	0	0	0	0

财务主管　　　　记账　　　　出纳 张红　　　　复核 王其　　　　制单 张红

记 账 凭 证

	总号	银付 2
	分号	1/1

2018 年 1 月 6 日　　　　　　　　　　　　　　附件　1　张

摘　要	一级科目	二级及明细科目	过账	借方金额								贷方金额							
				十	万	千	百	十	元	角	分	十	万	千	百	十	元	角	分
支付 12 月份电费	销售费用	电费/客房			9	5	0	0	0	0	0								
支付 12 月份电费	销售费用	电费/餐饮			8	5	0	0	0	0	0								
支付 12 月份电费	销售费用	电费/康乐			6	0	0	0	0	0	0								
支付 12 月份电费	销售费用	电费/会议			7	0	0	0	0	0	0								
支付 12 月份电费	管理费用	电费			3	5	0	0	0	0	0								
支付 12 月份电费	银行存款	建行											3	4	5	0	0	0	0	0
合　计				3	4	5	0	0	0	0	0	3	4	5	0	0	0	0	0

财务主管　　　　记账　　　　出纳 张 红　　　　复核 王 其　　　　制单 张 红

记 账 凭 证

	总号	银付 3
	分号	1/1

2018 年 1 月 6 日　　　　　　　　　　　　　　附件　3　张

摘　要	一级科目	二级及明细科目	过账	借方金额								贷方金额							
				十	万	千	百	十	元	角	分	十	万	千	百	十	元	角	分
支付 12 月份水费	销售费用	水费/客房				8	5	0	0	0	0								
支付 12 月份水费	销售费用	水费/餐饮				9	0	0	0	0	0								
支付 12 月份水费	销售费用	水费/康乐				2	5	0	0	0	0								
支付 12 月份水费	销售费用	水费/会议				3	0	0	0	0	0								
支付 12 月份水费	管理费用	水费				2	0	0	0	0	0								
支付 12 月份水费	银行存款	建行												2	5	0	0	0	0	0
合　计					¥ 2	5	0	0	0	0	0		¥ 2	5	0	0	0	0	0

财务主管　　　　记账　　　　出纳 张 红　　　　复核 王 其　　　　制单 张 红

记 账 凭 证

总号	银付 4
分号	1/1

2018 年 1 月 12 日　　　　　　　　　　　　附件　3　张

摘　要	一级科目	二级及明细科目	过账	借方金额									贷方金额								
				十	万	千	百	十	元	角	分		十	万	千	百	十	元	角	分	
缴纳 12 月份税费	应交税费	未交增值税		3	0	3	3	8	0	0	0										
缴纳 12 月份税费	应交税费	城建税			2	1	2	3	6	6	0										
缴纳 12 月份税费	应交税费	教育费附加				9	1	0	1	4	0										
缴纳 12 月份税费	银行存款	建行											3	3	3	7	1	8	0	0	
合　计				3	3	3	7	1	8	0	0		3	3	3	7	1	8	0	0	

财务主管　　　记账　　　出纳 张红　　　复核 王其　　　制单 张红

记 账 凭 证

总号	转 1
分号	1/1

2018 年 1 月 15 日　　　　　　　　　　　　附件　1　张

摘　要	一级科目	二级及明细科目	过账	借方金额									贷方金额								
				十	万	千	百	十	元	角	分		十	万	千	百	十	元	角	分	
计提本月折旧	销售费用	折旧		3	4	8	0	0	0	0	0										
计提本月折旧	管理费用	折旧		2	3	2	0	0	0	0	0										
计提本月折旧	累计折旧												5	8	0	0	0	0	0	0	
合　计				5	8	0	0	0	0	0	0		5	8	0	0	0	0	0	0	

财务主管　　　记账　　　出纳　　　复核 王其　　　制单 李鹏

记 账 凭 证

	总号	转2
	分号	1/1

2018 年 1 月 18 日　　　　　　　　　　　附件　2　张

摘　要	一级科目	二级及明细科目	过账	借方金额									贷方金额								
				十	万	千	百	十	元	角	分	十	万	千	百	十	元	角	分
购买物料用品	原材料	物料用品			5	2	0	0	0	0	0								
购买物料用品	应交税费	应交增值税/进项				8	3	2	0	0	0								
购买物料用品	应付账款	旅游用品公司											6	0	3	2	0	0	0
合　计				￥	6	0	3	2	0	0	0	￥	6	0	3	2	0	0	0

财务主管　　　　记账　　　　　出纳　　　　　　　复核 王其　　　　　制单 李鹏

记 账 凭 证

	总号	现付1
	分号	1/1

2018 年 1 月 25 日　　　　　　　　　　　附件　1　张

摘　要	一级科目	二级及明细科目	过账	借方金额								贷方金额							
				十	万	千	百	十	元	角	分	十	万	千	百	十	元	角	分
购买办公用品	管理费用	办公经费					8	0	0	0	0								
购买办公用品	库存现金														8	0	0	0	0
合　计							￥	8	0	0	0	0			￥	8	0	0	0	0

财务主管　　　　记账　　　　　出纳 张红　　　　　复核 王其　　　　　制单 张红

记 账 凭 证

	总号	转 3
	分号	1/1

2018 年 1 月 31 日　　　　　　　　　附件　1　张

摘　要	一级科目	二级及明细科目	过账	借方金额									贷方金额								
				十	万	千	百	十	元	角	分	十	万	千	百	十	元	角	分
1-31 日餐饮领料	主营业务成本	餐饮			2	5	0	0	0	0	0								
1-31 日餐饮领料	原材料	食品原料											2	5	0	0	0	0	0
合　计					2	5	0	0	0	0	0		2	5	0	0	0	0	0

财务主管　　　　　记账　　　　　出纳　　　　　　　复核 王其　　　　　　制单 李鹏

记 账 凭 证

	总号	转 4
	分号	1/1

2018 年 1 月 31 日　　　　　　　　　附件　2　张

摘　要	一级科目	二级及明细科目	过账	借方金额									贷方金额								
				十	万	千	百	十	元	角	分	十	万	千	百	十	元	角	分
1-31 日部门领料	销售费用	物料消耗/客房			1	5	0	0	0	0	0								
1-31 日部门领料	销售费用	物料消耗/餐饮				3	0	0	0	0	0								
1-31 日部门领料	销售费用	物料消耗/会议				1	5	0	0	0	0								
1-31 日部门领料	销售费用	物料消耗/康乐				1	5	0	0	0	0								
1-31 日部门领料	管理费用	物料消耗				3	0	0	0	0	0								
1-31 日部门领料	原材料	物料用品												2	4	0	0	0	0	0
合　计					2	4	0	0	0	0	0		2	4	0	0	0	0	0

财务主管　　　　　记账　　　　　出纳　　　　　　　复核 王其　　　　　　制单 李鹏

记 账 凭 证

总号	转 5
分号	1/1

2018 年 1 月 31 日　　　　　　　　　　　附件 3 张

摘 要	一级科目	二级及明细科目	过账	借方金额									贷方金额								
				十	万	千	百	十	元	角	分		十	万	千	百	十	元	角	分
工资结算	销售费用	工资/客房			9	8	0	0	0	0	0									
工资结算	销售费用	工资/餐饮			6	6	0	0	0	0	0									
工资结算	销售费用	工资/会议			5	5	0	0	0	0	0									
工资结算	销售费用	工资/康乐			4	5	0	0	0	0	0									
工资结算	管理费用	工资			8	6	0	0	0	0	0									
工资结算	应付职工薪酬	工资												3	5	0	0	0	0	0	0
		合 计		3	5	0	0	0	0	0	0		3	5	0	0	0	0	0	0

财务主管　　　　记账　　　　　出纳　　　　　　　复核 王其　　　　　制单 李鹏

记 账 凭 证

总号	转 6
分号	1/1

2018 年 1 月 31 日　　　　　　　　　　　附件 1 张

摘 要	一级科目	二级及明细科目	过账	借方金额									贷方金额								
				十	万	千	百	十	元	角	分		十	万	千	百	十	元	角	分
计提利息	财务费用	利息费用					2	8	3	3	0	0									
计提利息	应付利息																2	8	3	3	0	0
		合 计				¥	2	8	3	3	0	0			¥	2	8	3	3	0	0

财务主管　　　　记账　　　　　出纳　　　　　　　复核 王其　　　　　制单 李鹏

	总号	银收 2
	分号	1/1

记 账 凭 证

2018 年 1 月 31 日 附件 2 张

摘要	一级科目	二级及明细科目	过账	借方金额 千	百	十	万	千	百	十	元	角	分	贷方金额 千	百	十	万	千	百	十	元	角	分
1-31 日营收	银行存款	建行		2	0	6	0	6	4	0	0	0	0										
1-31 日营收	主营业务收入	客房收入												1	0	2	5	0	0	0	0	0	0
1-31 日营收	主营业务收入	餐饮收入													6	3	4	5	0	0	0	0	0
1-31 日营收	主营业务收入	会议收入														2	0	3	5	0	0	0	0
1-31 日营收	主营业务收入	康乐收入														8	1	0	0	0	0	0
1-31 日营收	应交税费	增值税/销项													1	1	6	6	4	0	0	0
合　计				2	0	6	0	6	4	0	0	0	0	2	0	6	0	6	4	0	0	0	0

财务主管　　　记账　　　　出纳 张 红　　　　复核 王 其　　　　制单 张 红

	总号	转 7
	分号	1/1

记 账 凭 证

2018 年 1 月 31 日 附件 1 张

摘要	一级科目	二级及明细科目	过账	借方金额 千	百	十	万	千	百	十	元	角	分	贷方金额 千	百	十	万	千	百	十	元	角	分
转出未交增值税	应交税费	应交增值税/转出未交增值			1	0	8	3	2	0	0	0	0										
转出未交增值税	应交税费	未交增值税													1	0	8	3	2	0	0	0	0
合　计				¥	1	0	8	3	2	0	0	0	0	¥	1	0	8	3	2	0	0	0	0

财务主管　　　记账　　　　出纳　　　　复核 王 其　　　　制单 李 鹏

总号	转8
分号	1/1

记 账 凭 证

2018 年 1 月 31 日　　　　　　　　　　　　　　附件　1　张

摘　要	一级科目	二级及明细科目	过账	借方金额 百 十 万 千 百 十 元 角 分	贷方金额 百 十 万 千 百 十 元 角 分
本月税金及附加	税金及附加	税金及附加		1 0 8 3 2 0 0	
本月税金及附加	应交税费	城建税			7 5 8 2 4 0
本月税金及附加	应交税费	教育费附加			3 2 4 9 6 0
合　计				￥ 1 0 8 3 2 0 0	￥ 1 0 8 3 2 0 0

财务主管　　　　记账　　　　　　出纳　　　　　　　复核 王其　　　　　　制单 李鹏

总号	转9
分号	1/1

记 账 凭 证

2018 年 1 月 31 日　　　　　　　　　　　　　　附件　1　张

摘　要	一级科目	二级及明细科目	过账	借方金额 百 十 万 千 百 十 元 角 分	贷方金额 百 十 万 千 百 十 元 角 分
结算应纳所得税	所得税费用			3 4 8 8 3 7 5	
结算应纳所得税	应交税费	所得税			3 4 8 8 3 7 5
合　计				￥ 3 4 8 8 3 7 5	￥ 3 4 8 8 3 7 5

财务主管　　　　记账　　　　　　出纳　　　　　　　复核 王其　　　　　　制单 李鹏

		总号	转 10
		分号	1/1

记 账 凭 证

2018 年 1 月 31 日　　　　　　　　　　　　　　　附件　　张

摘　要	一级科目	二级及明细科目	过账	借方金额									贷方金额								
				百	十	万	千	百	十	元	角	分	百	十	万	千	百	十	元	角	分
结转损益类账户	主营业务收入			1	9	4	4	0	0	0	0	0									
结转损益类账户	本年利润												1	9	4	4	0	0	0	0	0
	合　计			1	9	4	4	0	0	0	0	0	1	9	4	4	0	0	0	0	0

财务主管　　　　记账　　　　　　出纳　　　　　　　复核 王其　　　　　制单 李鹏

		总号	转 11
		分号	1/1

记 账 凭 证

2018 年 1 月 31 日　　　　　　　　　　　　　　　附件　　张

摘　　要	一级科目	二级及明细科目	过账	借方金额									贷方金额								
				百	十	万	千	百	十	元	角	分	百	十	万	千	百	十	元	角	分
结转损益类账户	本年利润			1	8	3	9	3	4	8	7	5									
结转损益类账户	主营业务成本												1	2	8	9	5	0	0	0	0
结转损益类账户	税金及附加														1	0	8	3	2	0	0
结转损益类账户	销售费用													1	1	5	5	0	0	0	0
结转损益类账户	管理费用													3	8	5	8	0	0	0	0
结转损益类账户	财务费用															2	8	3	3	0	0
结转损益类账户	所得税费用														3	4	8	8	3	7	5
	合　计			1	8	3	9	3	4	8	7	5	1	8	3	9	3	4	8	7	5

财务主管　　　　记账　　　　　　出纳　　　　　　　复核 王其　　　　　制单 李鹏

记 账 凭 证

2018 年 1 月 31 日　　　　　　　　　　附件　　张

摘　要	一级科目	二级及明细科目	过账	借方金额										贷方金额									
				百	十	万	千	百	十	元	角	分	百	十	万	千	百	十	元	角	分
结转净利润	本年利润				1	0	4	6	5	1	2	5									
结转净利润	利润分配	未分配利润												1	0	4	6	5	1	2	5
合　计				￥	1	0	4	6	5	1	2	5	￥	1	0	4	6	5	1	2	5

年		凭证		摘要	借方										贷方										借或贷	余额									
月	日	种类	号数		亿	千	百	十	万	千	百	十	元	角	分	亿	千	百	十	万	千	百	十	元	角	分		亿	千	百	十	万	千	百	十	元	角	分

年		凭证		摘要	借方										贷方										借或贷	余额									
月	日	种类	号数		亿	千	百	十	万	千	百	十	元	角	分	亿	千	百	十	万	千	百	十	元	角	分		亿	千	百	十	万	千	百	十	元	角	分

年		凭 证		摘 要	借 方											贷 方											借或贷	余 额										
月	日	种类	号数		亿	千	百	十	万	千	百	十	元	角	分	亿	千	百	十	万	千	百	十	元	角	分		亿	千	百	十	万	千	百	十	元	角	分

年		凭 证		摘 要	借 方											贷 方											借或贷	余 额										
月	日	种类	号数		亿	千	百	十	万	千	百	十	元	角	分	亿	千	百	十	万	千	百	十	元	角	分		亿	千	百	十	万	千	百	十	元	角	分

年		凭证		摘要	借方										贷方										借或贷	余额									
月	日	种类	号数		亿	千	百	十	万	千	百	十	元	角	分	亿	千	百	十	万	千	百	十	元	角	分		亿	千	百	十	万	千	百	十	元	角	分

年		凭证		摘要	借方										贷方										借或贷	余额									
月	日	种类	号数		亿	千	百	十	万	千	百	十	元	角	分	亿	千	百	十	万	千	百	十	元	角	分		亿	千	百	十	万	千	百	十	元	角	分

年		凭证		摘要	借方										贷方										借或贷	余额									
月	日	种类	号数		亿	千	百	十	万	千	百	十	元	角	分	亿	千	百	十	万	千	百	十	元	角	分		亿	千	百	十	万	千	百	十	元	角	分

年		凭证		摘要	借方										贷方										借或贷	余额									
月	日	种类	号数		亿	千	百	十	万	千	百	十	元	角	分	亿	千	百	十	万	千	百	十	元	角	分		亿	千	百	十	万	千	百	十	元	角	分

年 月 日		凭证		摘要	借方 亿千百十万千百十元角分	贷方 亿千百十万千百十元角分	借或贷	余额 亿千百十万千百十元角分
年	月 日	种类	号数					

年 月 日		凭证		摘要	借方 亿千百十万千百十元角分	贷方 亿千百十万千百十元角分	借或贷	余额 亿千百十万千百十元角分
年	月 日	种类	号数					

年		凭证		摘要	借方											贷方											借或贷	余额									
月	日	种类	号数		亿	千	百	十	万	千	百	十	元	角	分	亿	千	百	十	万	千	百	十	元	角	分		亿	千	百	十	万	千	百	十	元	角	分

年		凭证		摘要	借方											贷方											借或贷	余额									
月	日	种类	号数		亿	千	百	十	万	千	百	十	元	角	分	亿	千	百	十	万	千	百	十	元	角	分		亿	千	百	十	万	千	百	十	元	角	分

年		凭证		摘要	借　方											贷　方											借或贷	余　额										
月	日	种类	号数		亿	千	百	十	万	千	百	十	元	角	分	亿	千	百	十	万	千	百	十	元	角	分		亿	千	百	十	万	千	百	十	元	角	分

年		凭证		摘要	借　方											贷　方											借或贷	余　额										
月	日	种类	号数		亿	千	百	十	万	千	百	十	元	角	分	亿	千	百	十	万	千	百	十	元	角	分		亿	千	百	十	万	千	百	十	元	角	分

年		凭证		摘	借　方										贷　方										借或贷	余　额									
月	日	种类	号数	要	亿	千	百	十	万	千	百	十	元	角	分	亿	千	百	十	万	千	百	十	元	角	分		亿	千	百	十	万	千	百	十	元	角	分

年		凭证		摘	借　方										贷　方										借或贷	余　额									
月	日	种类	号数	要	亿	千	百	十	万	千	百	十	元	角	分	亿	千	百	十	万	千	百	十	元	角	分		亿	千	百	十	万	千	百	十	元	角	分

年 月	日	凭 证 种类 号数	摘 要	借 方 亿 千 百 十 万 千 百 十 元 角 分	贷 方 亿 千 百 十 万 千 百 十 元 角 分	借或贷	余 额 亿 千 百 十 万 千 百 十 元 角 分

年 月	日	凭 证 种类 号数	摘 要	借 方 亿 千 百 十 万 千 百 十 元 角 分	贷 方 亿 千 百 十 万 千 百 十 元 角 分	借或贷	余 额 亿 千 百 十 万 千 百 十 元 角 分

年		凭证		摘要	借方											贷方											借或贷	余额										
月	日	种类	号数		亿	千	百	十	万	千	百	十	元	角	分	亿	千	百	十	万	千	百	十	元	角	分		亿	千	百	十	万	千	百	十	元	角	分

年		凭证		摘要	借方											贷方											借或贷	余额										
月	日	种类	号数		亿	千	百	十	万	千	百	十	元	角	分	亿	千	百	十	万	千	百	十	元	角	分		亿	千	百	十	万	千	百	十	元	角	分

年 月 日	凭证 种类 号数	摘要	借方 亿千百十万千百十元角分	贷方 亿千百十万千百十元角分	借或贷	余额 亿千百十万千百十元角分

年 月 日	凭证 种类 号数	摘要	借方 亿千百十万千百十元角分	贷方 亿千百十万千百十元角分	借或贷	余额 亿千百十万千百十元角分

年		凭证		摘要	借方											贷方											借或贷	余额										
月	日	种类	号数		亿	千	百	十	万	千	百	十	元	角	分	亿	千	百	十	万	千	百	十	元	角	分		亿	千	百	十	万	千	百	十	元	角	分

年		凭证		摘要	借方											贷方											借或贷	余额										
月	日	种类	号数		亿	千	百	十	万	千	百	十	元	角	分	亿	千	百	十	万	千	百	十	元	角	分		亿	千	百	十	万	千	百	十	元	角	分

年		凭证		摘	借 方		贷 方		借或贷	余 额	
月	日	种类	号数	要	亿 千 百 十 万 千 百 十 元 角 分		亿 千 百 十 万 千 百 十 元 角 分			亿 千 百 十 万 千 百 十 元 角 分	

年		凭证		摘	借 方		贷 方		借或贷	余 额	
月	日	种类	号数	要	亿 千 百 十 万 千 百 十 元 角 分		亿 千 百 十 万 千 百 十 元 角 分			亿 千 百 十 万 千 百 十 元 角 分	

试 算 平 衡 表

年　月　日

总账科目	期 初 余 额		本 期 发 生 额		期 末 余 额	
	借　方	贷　方	借　方	贷　方	借　方	贷　方

资 产 负 债 表

会业 01 表

编制单位：　　　　　　　　　　年　月　日　　　　　　　　　　单位：元

资　　产	行　次	年　初　数	期　末　数
流动资产：	1		
货币资金	2		
交易性金融资产	3		
应收票据	4		
应收账款	5		
预付账款	6		
应收利息	7		
应收股利	8		
其他应收款	9		
存货	10		
一年内到期的非流动资产	11		
其他流动资产	12		
流动资产合计	13		
非流动资产：	14		
可供出售金融资产	15		
持有至到期投资	16		
长期应收款	17		
长期股权投资	18		
投资性房地产	19		
固定资产	20		
在建工程	21		
工程物资	22		
固定资产清理	23		
生产性生物资产	24		
油气资产	25		
无形资产	26		
开发支出	27		

资　　产	行　次	年　初　数	期　末　数
商誉	28		
长期待摊费用	29		
递延所得税资产	30		
其他非流动资产	31		
非流动资产合计	32		
资产总计	33		
流动负债：	34		
短期借款	35		
交易性金融负债	36		
应付票据	37		
应付账款	38		
预收账款	39		
应付职工薪酬	40		
应交税费	41		
应付利息	42		
应付股利	43		
其他应付款	44		
一年内到期的非流动负债	45		
其他流动负债	46		
流动负债合计	47		
非流动负债：	48		
长期借款	49		
应付债券	50		
长期应付款	51		
专项应付款	52		
预计负债	53		
递延所得税负债	54		
其他非流动负债	55		

资　产	行　次	年　初　数	期　末　数
非流动负债合计	56		
负债合计	57		
所有者（股东）权益：	58		
实收资本（股本）	59		
资本公积	60		
减：库存股	61		
盈余公积	62		
未分配利润	63		
所有者（股东）权益合计	64		
	65		
负债和所有者（股东）权益合计	66		

利　润　表

编制单位：　　　　　　　　　　　　　　　年　　月

会业 02 表
单位：元

项　目	行次	本期发生额	本年累计金额
一、营业收入	1		
减：营业成本	2		
税金及附加	3		
销售费用	4		
管理费用	5		
财务费用	6		
资产减值损失	7		
加：公允价值变动收益（损失以"-"号填列）	8		
投资收益（损失以"-"号填列）	9		
其中：对联营企业和合营企业的投资收益	10		
二、营业利润收益（亏损以"-"号填列）	11		
加：营业外收入	12		
减：营业外支出	13		
其中：非流动资产处置损失	14		
三、利润总额（亏损总额以"-"号填列）	15		
减：所得税费用	16		
四、净利润（净亏损以"-"号填列）	17		
五、每股收益：	18		
（一）基本每股收益	19		
（二）稀释每股收益	20		
六、其他综合收益	21		
七、综合收益总额	22		

实训九　会计循环

一、实训目的

通过本循环的操作，使学生比较系统、全面地掌握酒店会计核算的基本程序和方法，加深对基本理论方法的理解和基本技能的训练，提高学生的综合实践操作能力，实现理论与实践的融会贯通。

二、实训资料

（一）实习企业概况

（二）实习企业会计政策与内部会计核算方法

（三）建账资料

（四）2018 年 12 月份发生的经济业务

（五）记录经济业务发生的原始凭证

（六）空白记账凭证及凭证封面（另配）

1. 通用记账凭证（100 张）

2. 凭证封面（10 张）

（七）空白账页（另配）

1. 三栏式账页（50 张）

2. 数量金额式账页（5 张）

3. 多栏式账页（5 张）

（八）科目汇总表（另配）

（九）财务报表（另配）

1. 资产负债表

2. 利润表

三、实训要求

（一）建账

1. 开设账户并登记期初余额

根据香榭里拉大酒店"2018 年 12 月 1 日账户余额表"开设现金日记账、银行存款日记账、总分类账、明细分类账，并登记期初余额。

2. 编制期初余额试算平衡表

（二）会计凭证的填制和审核

1. 原始凭证的填制和审核

根据香榭里拉大酒店 12 月份发生的经济业务，填制并审核原始凭证。

2. 记账凭证的填制和审核

根据审核无误的原始凭证或原始凭证汇总表填制记账凭证并审核。

记账凭证种类及编号如下：

现金收款凭证：现收 1、现收 2、现收 3……

现金付款凭证：现付 1、现付 2、现付 3……

银行存款收款凭证：银收 1、银收 2、银收 3……

银行存款付款凭证：银付 1、银付 2、银付 3……

转账凭证：转 1、转 2、转 3……

（三）登记账簿、对账、结账

1. 登记现金日记账、银行存款日记账、总分类账、明细分类账

2. 总分类账和日记账核对、总分类账和所属明细账核对

3. 根据总分类账记录编制试算平衡表

4. 结算日记账、总分类账、明细分类账本期发生额及期末余额

（四）编制财务报表

根据总分类账和明细分类账编制资产负债表和利润表。

（五）会计资料的整理归档

1. 装订记账凭证并填制凭证封面

2. 装订会计账簿并填制封面

（一）实习企业概况

企业名称：香榭里拉大酒店管理有限公司

法人代表：方晓明

注册资金：8000万（其中：甲方股本占54%，乙方股本占24%，丙方社会公众股本占22%）

企业类型：股份有限公司

经营范围：主要从事客房、中西餐厅、酒吧、健身康乐、会议、商场、停车场等业务。

统一社会信用代码：3301052071130404X2

基本存款账户开户银行及账号：建设银行上海浦东分行055216 — 00334468800

特殊存款账户开户银行及账号：浦东发展银行东方路支行044270 — 00468830880

地　　址：上海市浦东新区东方路100号

电　　话：（021）58800088

总经理：方晓明

财务经理：林彬

会计（记账）：李鹏

会计（复核）：王其

出纳：张红

财务印章：

香榭里拉大酒店管理有限公司财务专用章	管理香榭里拉大酒店有限公司发票专用章	明方印晓	现金收讫	现金付讫

（二）实习企业会计政策与内部会计核算方法

1. 账务处理程序：实习企业采用记账凭证账务处理程序

2. 坏账损失核算

对坏账损失采用备抵法核算。年末按应收账款余额的 5% 调整坏账准备余额。

3. 备用金核算

采购员及其他职工出差预支差旅费，回酒店后 10 日内一次结清。行政管理部门经财务处核定，领取定额备用金 5 000 元，由专人负责保管、报销。

4. 固定资产核算

根据《旅游、饮食服务企业财务制度》规定，符合下列两个条件之一的劳动资料，列为固定资产：

（1）用期在一年以上的房屋及建筑物、机器设备、交通运输工具、办公设备、家具及装饰物、电器及影视设备和其他与经营有关的设备、器具、工具等。

（2）属于经营主要设备，但单位价值较高，并且使用期超过两年的物品。

注：具备上述条件但更换频繁易碎易损的物品均作为低值易耗品。

5. 低值易耗品管理与核算

购入的低值易耗品分"在库"和"在用"两个状态管理与核算。在用低值易耗品采用"五五摊销法"核算（部分指定一次性摊销的低值易耗品除外）。

6. 无形资产及长期待摊费用摊销

无形资产的摊销采用直线法，自无形资产开始使用之日起在有效使用期限内分期摊入管理费用。

7. 与工资有关的各项经费、保险基金的计提

项目	计提基数	计提比例
住房公积金	上年月平均工资	7%
养老保险	上年月平均工资	20%
医疗保险	上年月平均工资	9.5%
失业保险	上年月平均工资	0.5%
工伤保险	上年月平均工资	1%
生育保险	上年月平均工资	1%
工会经费	本月工资总额	2%
教育经费	不计提，按不超过工资总额的 2.5% 直接列支	

说明：实训中的"各项基金、经费的计提比例"及本部分第 11 条"税费核算"中的"各项税费的税率"以上海市 2018 年的实际数据为参照。

8. 餐饮原材料成本核算方法

（1）本酒店采用每周一次核算餐饮成本。

（2）厨房原材料盘存成本应用红字金额作假退料处理；月初用蓝字作相同分录转回。

9. 酒店员工食堂采用"独立核算"的方式。

10. 销售收入核算

销售收入核算遵循权责发生制原则；酒店营业收入均为含税收入；客房收入包括房金、客房小酒吧、洗衣、电话及商务中心收入。

11. 税费核算

（1）企业所得税税率25%，按季预缴，年底汇算清缴。

（2）增值税税率：6%（服务业），10%（不动产租赁），16%（销售或进口货物）。

（3）城市维护建设税税率7%（根据企业实缴增值税、消费税二税税额计征）。

（4）教育费附加3%（根据企业实缴增值税、消费税二税税额计征）。

（5）地方教育费附加2%（根据企业实缴增值税、消费税二税税额计征）。

（6）河道工程管理费1%（根据企业实缴增值税、消费税二税税额计征）。

（7）房产税（按月计提，每年分两次于五月、十一月缴纳）：

房产账面原值 ×（1—扣除率20%）× 年税率1.2%/12。

（8）土地使用税：年税额5元/平方米，按月计提，每年分两次于五月、十一月缴纳。

（9）车船使用税：轿车年税额360元/辆，按年计征，直接记入缴纳当月的管理费。

（10）印花税。

（11）个人所得税：由企业根据职工每月工资所得，按七级超额累进税率代扣代缴。

12. 利润分配的核算

（1）年末按当年税后利润的10%分别提取法定盈余公积，按10%提取任意盈余公积。

（2）年末按公司董事会决议并提交股东大会批准的年度利润分配方案，作为当年的利润分配进行处理。

（三）建账资料

1. 2018 年 12 月 1 日账户余额表　　　　　　　　　　　　　　　　单位：元

科目代码	一级科目	二级科目	三级科目		余额
1001	库存现金			借	112 000.00
100201	银行存款	建行（基本存款户）		借	4 646 600.00
100202	银行存款	浦发（特殊存款户）		借	800 000.00
1012	其他货币资金			借	100 000.00
1101	交易性金融资产			借	200 000.00
1121	应收票据			借	120 000.00
11220101	应收账款	外客账	单位	借	1 249 812.63
11220102			个人	借	150 000.00
112202		寓客账		借	300 480.07
112203		信用卡		借	71 214.00
1123	预付账款			借	134 708.00
1221	其他应收款			借	70 000.00
1231	坏账准备			贷	8 501.46
140301	原材料	食品原料		借	299 639.79
140302		工程材料		借	38 000.00
140303		燃料		借	47 638.10
14030401		物料用品	针棉织品	借	4 000.00
14030402			办公用品	借	6 104.95
14030403			劳防用品	借	94 417.83
14030404			旅游用品	借	5 121.98
14030405			日常用品	借	5 000.00
14030406			清洁用品	借	4 328.69

科目代码	一级科目	二级科目	三级科目		余额
14030407			其他用品	借	2 467.54
140501	库存商品	食品		借	23 253.00
140502		百货		借	13 710.00
1407	商品进销差价			贷	223 734.50
14110101	周转材料	低值易耗品	在库	借	20 520.00
14110102			在用	借	547 855.20
14110103			摊销	货	265 202.86
1511	长期股权投资			借	5 420 289.32
160101	固定资产	房屋建筑物		借	163 206 620.00
160102		机器设备		借	13 600 552.00
160103		交通运输工具		借	9 720 110.00
160104		办公设备		借	8 160 330.00
160105		家具及装饰物		借	40 801 655.00
160106		消防及安全设备		借	6 800 276.00
160107		电器及影视设备		借	29 585 484.00
160108		其他		借	136 006.00
1602	累计折旧			贷	139 565 295.84
160401	在建工程	大修理工程支出		借	8 120 946.82
160402		更改工程支出		借	11 723 824.01
160403		工程物资		借	700 400.00
1606	固定资产清理			借	
1701	无形资产	土地使用权		借	690 000.00

科目代码	一级科目	二级科目	三级科目		余额
1702	累计摊销			货	288 650.00
190101	待处理财产损溢	待处理固定资产损溢		借	
190102		待处理流动资产损溢		借	
2001	短期借款	建行		贷	620 000.00
2201	应付票据			贷	200 000.00
220201	应付账款	食品批发公司		贷	20 000.00
220202		ABB公司		贷	3 990.00
2203	预收账款			贷	
221101	应付职工薪酬	工资，奖金，津贴，补贴		贷	
221102		职工福利		贷	170 000.00
221103		社会保险费		贷	
221104		住房公积金		贷	
221105		工会经费		贷	
221106		职工教育经费		贷	
221107		解除职工劳动关系补偿		贷	
221108		非货币性福利		贷	
221109		其他与获得职工提供的服务相关的支出		贷	
22210101	应交税费	应交增值税	进项税额	贷	
22210102			销项税额	贷	
22210103			转出未交增值税	借	
222102		未交增值税		贷	275 800.00
222103		城市维护建设税		贷	19 306.00
222104		教育费附加		贷	8 274.00

科目代码	一级科目	二级科目	三级科目		余额
222105		地方教育费附加		贷	5 516.00
222106		河道工程管理费		贷	2 758.00
222107		房产税		贷	100 000.00
222108		车船使用税		贷	3 000.00
222109		土地使用税		贷	28 506.00
222110		印花税		贷	
222111		所得税		借	305 019.00
222112		个人所得税		贷	35 000.00
2231	应付利息			贷	1 130 540.00
2232	应付股利			贷	
2241	其他应付款			贷	240 000.00
250101	长期借款	工行		贷	
250102		建行		贷	76 574 041.33
4001	股本	普通股		贷	80 000 000.00
4002	资本公积			贷	1 520 000.00
410101	盈余公积	法定盈余公积		贷	1 200 000.00
410102		任意盈余公积		贷	600 000.00
4102	利润分配	未分配利润		贷	913 815.12
4103	本年利润			贷	4 016 452.82

2.有关损益类账户的明细科目

一级科目	明细项目	一级科目	明细项目
主营业务收入	客房	管理费用	工资
	餐饮		福利费
	会议		工作餐
	康乐		服装费
	商场		洗涤费
	其他		广告宣传费
主营业务成本	餐饮		业务费
	客房小酒吧		差旅费
	商场		市内交通费
销售费用	工资		邮电费
	福利费		物料消耗
	工作餐		工会经费
	服装费		职工教育经费
	洗涤费		养老保险费
	广告宣传费		医疗保险费
	业务费		失业保险费
	差旅费		公积金
	市内交通费		独生子女补贴
	邮电费		交通补贴
	物料消耗		劳动保护费
	工会经费		外事费
	职工教育经费		租赁费及保管费
	养老保险费		审计、咨询、诉讼等费
	医疗保险费		环境卫生费
	失业保险费		绿化费
	公积金		燃料费
	独生子女补贴		水电费
	交通补贴		折旧费
	劳动保护费		日常修理费
	租赁及保管费		无形资产摊销
	绿化费		低值易耗品摊销
	燃料费		财产保险费
	水电费		交际应酬费
	折旧费		消防费
	低值易耗品摊销		坏账损失
	财产保险费		其他
	其他	财务费用	利息收入
			利息支出
			汇总损失
			手续费

（四）2018 年 12 月份发生的经济业务

（1）1 日，经核准，采购员马林预支差旅费 2 000 元，以现金付讫。

（2）1 日，向建行申请签发面额为 85 000 元的本票一张，交采购员马林去购买电脑及应用软件。

要求：填制本票申请单。

（3）1 日，根据上月末食品原料盘存表，转回上月假退料成本 60 900 元，其中餐饮原料成本 40 900 元，客房小酒吧原料成本 20 000 元。

（4）2 日，行政办公室主管余红报销市内车费 320 元，出纳以现金支付。

（5）2 日，购入电脑及应用软件系统，货款以银行本票支付，设备交付客房部进行安装调试。

（6）5 日，采购员马林报销北京出差费用 2 366 元，月初已预支差旅费 2 000 元，出纳当即以现金补差。

（7）5 日，以现金支付上海旅游协会厨师培训费 2 409 元。

（8）7 日，车队司机曹兵报销修车费 1 226 元，出纳以现金支付。

（9）7 日，收到工程部开出的固定资产验收通知单，本月 2 日购入的电脑系统安装完毕，已竣工验收，交付客房部使用，结转其全部成本 85 000 元。

（10）7 日，签发支票购买物料用品一批，价款为 10 058.04 元，物料用品已验收入库。

要求：签发支票。

（11）9 日，通过银行电子划缴 11 月份未交增值税 275 800 元，城市维护建设税 19 306 元，教育费附加 8 274 元，地方教育费附加 5 516 元，河道工程管理费 2 758 元，代交个人所得税 35 000 元。

（12）10 日，根据"工资结算汇总表"进行应付工资的分配和计提福利费核算。

要求：填制"应付工资及福利费分配表"。

（13）10 日，根据"工资结算汇总表"（见经济业务 12-1）结转本月代扣代缴费用。

（14）10 日，根据"工资结算汇总表"（见经济业务 12-1）签发支票，委托建设银行办理代发工资转存信用卡业务，发放工资及手续费共计 590 140 元（其中：工资 590 009.50 元，进卡工资手续费 130.50 元）。

要求：签发支票。

（15）10 日，根据"各项基金、经费计算表"计提各种基金、经费。

要求：填制行政拨交工会缴款书，通过银行拨交本月工会经费，酒店工会账号为 #345670 — 004441133600，开户行工商银行浦东分行；上级工会为浦东新区工会，账号为 #326094 — 00214136772，开户行上海银行。

签发支票三张，分别缴付：

①住房公积金（收款人为香榭里拉大酒店管理有限公司公积金专户），并填制上海市公积金汇缴书，公积金账号：0055100-884841101

②社会保险费（收款人为浦东新区社会保险事业管理中心）

③代扣的工会会费及计提的工会经费（收款人为香榭里拉大酒店工会专户）

（16）13日，支付本单位职工食堂职工工作餐费60 000元。

要求：签发支票。

（17）20日，客房部职工王林、刘仁报销11月份托幼管理费（标准为50元/人月），以现金付讫。

（18）20日，因旅行社款项拖欠诉讼，向浦东区人民法院支付诉讼费14 000元，另支付浦东律师事务所民事代理费2 800元，已收到有关方面的专用收据。

要求：签发支票。

（19）21日，收到建设银行计息清单付款通知，结算本季度长期借款利息1 691 910.00元，短期借款利息3 900元，上两个月已预提长期借款利息1 127 940.00元，短期借款利息2 600元，款项已从酒店账户划转。

（20）23日，签发支票支付电视广告费40 046元，收到上海电视台开具的发票。

要求：签发支票。

（21）24日，行政秘书王卫报销邮寄费424元，文具用品费1 517元，打印纸费580元，出纳以现金补足其定额备用金。

（22）24日，支付购印花税票费25 000元。

要求：签发支票。

（23）25日，支付本月外墙清洗费与排污费，共计4 260元，已收到环保公司开来的发票。

要求：签发支票。

（24）25日，签发支票购买劳动防护用品，共计58 200元，劳动防护用品已于当日发放完毕。

要求：签发支票。

（25）25日，签发支票向市食品批发公司购入食品原料一批，价值41 360元，食品原料已验收入库。

要求：签发支票。

（26）26日，以现金支付治安消防培训费3 140元。

（27）26日，收到银行转来的委托收款凭证，通知付讫本月电话费129 700元，扣除向客人代收代缴的电话费100 000元后，结算出本酒店承担的电话费，并按下列比例进行分配：

客房部	7 722
餐饮部	7 425
会议部	4 455
康乐部	2 970
销售部	1 485
前厅部	1 782
管理部门	3 861
合计	29 700

（28）26 日，收到银行转来的自来水公司委托收款凭证一张，通知付讫本月水费 20 000 元，按下列比例进行水费分配：

客房部	5 200
餐饮部	5 000
会议部	3 000
康乐部	2 000
销售部	1 000
前厅部	1 200
管理部门	2 600
合计	20 000

（29）26 日，收到银行转来的供电局委托收款凭证一张，通知付讫本月电费 280 000 元，按下列比例进行分配：

客房部	72 800
餐饮部	70 000
会议部	42 000
康乐部	28 000
销售部	14 000
前厅部	16 800
管理部门	36 400
合计	280 000

（30）26 日，根据与同济绿化公司签订的合同，支付本月绿化管理费 5 550 元，收到同济绿化公司开来的发票。其中前厅部 550 元，管理部门 5 000 元。

要求：签发支票。

（31）28 日，通过上海市慈善基金会浦东办事处向儿童福利院捐款 50 000 元，收到对方开具的收据。

要求：签发支票。

（32）29 日，根据"固定资产折旧计算汇总表"计提本月折旧。

（33）30 日，本月应摊销土地使用权价值 10 000 元。

（34）30 日，根据"财产保险费摊销表"摊销应由本月负担的财产保险费。

（35）30 日，向上海食品批发公司购入食品一批，计进价金额 65 000 元，款项以转账支票支付，食品已由食品柜组验收，售价为 87 300 元。

要求：签发支票。

（36）30 日，向上海百货批发公司购进百货商品一批，计进价金额 58 000 元，款项以转账支票支付，商品由百货柜验收，售价为 76 450 元。

要求：签发支票。

（37）31 日，计提本月服装费 17 400 元（企业每两年定制员工工作服装一次，每月预提服装费），各部门的服装费细目如下：

客房部	3 132
餐饮部	2 262
会议部	1 914
康乐部	1 740
销售部	1 044
前厅部	2 784
管理部门	4 524
合计	17 400

（38）31 日，计提职工工作餐费 105 000 元，各部门细目如下：

客房部	18 900
餐饮部	13 650
会议部	11 550
康乐部	10 500
销售部	6 300
前厅部	16 800
管理部门	27 300
合计	105 000

（39）31 日，收到煤气公司委托收款凭证一张，通知付讫本月煤气费 19 479 元。煤气费均为餐饮部承担。

（40）31 日，商场食品柜销售收入为 37 560 元，百货柜销售收入为 35 980 元。货款结算中现金金额 66 130 元，信用卡金额 7 410 元。现金及信用卡结算凭证均已解缴银行，信用卡手续费率为 0.5%。

要求：填写商品进销存日报表、信用卡总计单、信用卡进账单、现金交款单。

（41）31 日，已知月末调整前"商品进销差价"余额 281 450 元，其中食品柜 151 250 元，百货柜 130 200 元。根据商品进销存月报表，计算并结转本月食品柜和百货柜已销商品进销差价。

要求：填制已销商品进销差价计算表。

（42）31 日，根据商品进销存月报，将商品含税销售收入进行价税分离，计算并结转本月商场销售商品应交增值税税额。

要求：填列含税商品销售收入价税分离计算表。

（43）31 日，收到君怡美容美发公司支票一张，金额 30 000 元。系付本月营业场地租赁费。

要求：填制进账单。

（44）31 日，收到总台送交的现金、客账日报等资料。

（45）31 日，收到酒店餐饮、康乐等营业部门送交的营业日报和内部交款单等凭证，收到的现金及信用卡结算凭证〔包括第（44）笔业务〕当日解缴银行，信用卡手续费率为 0.5%。

要求：填制信用卡总计单、信用卡进账单、现金交款单。

（46）31 日，本酒店前欠 ABB 公司的应付账款 3 990 元，因 ABB 公司被撤销，按规定程序经批准转作营业外收入。

（47）31 日，根据本周食品原料领料汇总单结转相关成本费用，餐饮成本 84 075 元，客房小酒吧营业成本 56 600 元，职工食堂领料 4 585 元，餐饮部青工技术操作比赛消耗 398 元。

（48）31 日，根据鲜活食品原料进货汇总单结转餐饮成本 185 642 元。

（49）31 日，根据内部调拨汇总单进行成本结转，金额为 600 元。

（50）31 日，根据本月食品原料盘存表，结转假退料成本 63 000 元，其中餐饮食品原料 37 000 元，客房小酒吧食品原料 26 000 元。

（51）31 日，根据本月低值易耗品余额汇总表，结转领用、报废低值易耗品成本及摊销额（报废均为餐饮部）。低值易耗品中除布件采用一次摊销法外，其余均采用五五摊销法。

（52）31 日，根据本月物料用品进耗存月报表，结转领用物料用品 21 312.10 元。

（53）31 日，收到中国银行交来的代兑外汇结汇明细表，本月外汇代兑点共收外汇折合人民币 934 159.60 元。代兑手续费为 2%，冲减当月财务费用，手续费已汇入酒店银行账户。

（54）31 日，按年末应收账款余额 5‰的比例调整年末坏账准备余额。

（55）31 日，计算本月应缴增值税税额，并分别按应缴增值税的 7% 税率计征城市维护建设税，3% 税率计征教育费附加，2% 税率计征地方教育费附加，1% 税率计征河道工程管理费。

（56）31 日，结转本月应交房产税 50 000 元，土地使用税 1 620 元和车船使用税 14 253 元。

（57）31 日，将损益类账户余额结转到"本年利润"账户。

（58）31 日，按 25% 所得税税率计算并结转本月应交企业所得税。

（59）31 日，将"本年利润"账户余额转入"利润分配——未分配利润"账户。

（60）31 日，董事会关于 2018 年度利润分配方案决议如下：

①分别按全年税后利润的 10% 提取法定盈余公积，10% 提取任意盈余公积。

②扣除提取盈余公积后的净利润加上年初未分配利润 438 000 元，向全体股东宣告按每 10 股派发现金红利 0.2 元（含税）；年末流通在外股份总数 10 000 000 股。

（五）记录经济业务发生的原始凭证

经济业务（1）

香榭里拉大酒店备用金暂支单

2018 年 12 月 1 日　　　　　　　　　　　　　　编号：0111

受款人	马　林		
暂支事由	差旅费		现金付讫
暂支金额	人民币(大写)贰仟元整	￥2 000.00	
预计归还日期		科目	其他应收款

财务主管：林 彬　　记账：　　复核：　　出纳：张 红　　部门主管：张仲富　　受款人：马 林

经济业务（2-1）

付款期限 贰 个 月	**中国建设银行　1　XX00000000** **本　票**

出票日期　贰零壹捌年壹拾贰月零壹日

收款人：上海电脑总汇有限公司		申请人：香榭里拉大酒店管理有限公司	此联出票行结清本票时作付出传票
凭票即付	人民币 （大写）	捌万伍仟元整	
转账　现金			
备注：	中国建设银行上海浦东 分行业务章 2018.12.01 出票银行盖章	出纳　　复核　　经办	

经济业务（2-2）

中国建设银行 上海市分行本票 ①
申 请 书（存根）　　AK331264

申请日期　　　年　月　日

收款人.. 本票号码..

本票金额　人民币
（大写）..

代　理
付　款　行..

申请人名称..
申请人账号（或地址）..

申请人签章　　　　　　银行出纳　　复核　　记账　　验印

此联由申请人留存

经济业务（3-1）

香榭里拉大酒店餐饮食品原料盘存表

2018 年 11 月 30 日　　　　　　　　　　单位：元

名称及规格	单位	存量	单价	金额
进口牛柳	千克	1.20	140.00	168.00
进口西冷	千克	3.00	97.00	291.40
进口肉眼	千克	1.50	148.00	222.00
T骨牛排	千克	2.50	135.00	337.50
牛霖肉	千克	2.00	23.00	46.00
...	...	...	...	...
合计				￥40 900.00

部门主管 孙吉　　　　　　　　　　制表 吴在工

经济业务（3-2）

香榭里拉大酒店客房小酒吧盘存表

2018 年 11 月 30 日   单位：元

名称及规格	单位	存量	单价	金额
啤酒	听	500	5.00	2 500.00
矿泉水	瓶	520	4.00	2 080.00
红葡萄酒	瓶	100	10.00	1 000.00
雪莉酒	瓶	120	8.50	1 020.00
橙汁	听	500	5.00	2 500.00
菠萝汁	听	521	5.00	2 605.00
…	…	…	…	…
合计				￥20 000.00

部门主管 张国辉   制表 吴在工

经济业务（4-1）

经济业务（4-2）

香榭里拉大酒店费用报销单

部门：总经办　　　　　　　2018 年 12 月 2 日　　　　　　附件共　4　张

用　途	金　额	付款方式	现金	✓
市内交通费	320.00		支票	
			转账	
		领导审批	李长海	
合　计　人民币（大写）叁佰贰拾元整	￥320.00			

会计主管 林 彬　　　审核 王 其　　　出纳 张 红　　　报销人 余 红

经济业务（5）

上海增值税专用发票

NO.2051121

开票日期：2018 年 12 月 2 日

购买方	名　　称：香榭里拉大酒店管理有限公司 纳税人识别号：3301052071130404X2 地址、电话：上海市浦东新区东方路100号58880088 开户行及账号：建行浦东分行0552160033446880	密码区	0510+02542*999111+943*667//9 2+*</8-4<0/>9555+*492>55929> +0<*6558332</3/*5674876*8 0+*993+1*901664<19<0804/3315

项　目	单位	数量	单价	金　额	税率	税　额
电脑及软件系统	套	1.00	85 000.00	73 275.86	16%	11 724.14
合计				￥73 275.86		￥11 724.14

价税合计（大写）	捌万伍仟元整	（小写）￥85 000.00

销售方	名　　称：上海电脑总汇有限公司 纳税人识别号：32035570034012628X 地址、电话：上海徐家汇路 221 号 63238899 开户行及账号：工行徐家汇路支行 1001726425232001006	备注	上海电脑总汇有限 公司发票专用章

收款人 钟宇　　　复核 李平　　　开票人 王鹏　　　销售方：（章）

经济业务（6-1）

香榭里拉大酒店外埠出差报销单

2018 年 12 月 5 日

出差人姓名	马林	工作部门	采购部		预借金额	2 000.00
出差事由	采购	出差日期	12/2～12/4		返回金额	/
出差地点	北京	出差天数	3 天		应补金额	366.00

起程			到达			车船费		在途伙食津贴		通宵乘车补贴			住勤伙食补贴			住宿费	市内交通费	其他费用	
月	日	地点	月	日	地点	交通工具	金额	人/天	金额	票价	%	补贴	人/天	每天标准补助	金额			项目	金额
12	2	上海	12	2	北京	火车	553						1/3	100	300	960			
12	4	北京	12	4	上海	火车	553												
各项费用小计			1106											300	960			

合计金额（大写） 贰仟叁佰陆拾陆元整 （小写）￥2 366.00

审核：王其 出纳：张红 部门领导：岳松 报销人：马林

经济业务（6-2）

18H001240	沪C 售
2018年12月4日 08:05开	05车14B号 二等座

北京南 —G107次→ 上海虹桥
BeiJingNan　　　ShangHaiHongQiao

￥553.00元
限乘当日当车次
***
310*************13　检票口:10B
6610-0010-1709-05HD-5634-0　和谐号

18H001240	沪C 售
2018年12月2日 07:28开	02车08F号 二等座

上海虹桥 —G110次→ 北京南
ShangHaiHongQiao　　　BeiJingNan

￥553.00元
限乘当日当车次
***
310*************13　检票口:10B
6610-0010-1709-05HD-5634-0　和谐号

经济业务（6-3）

北京增值税电子普通发票

NO. 2051121

开票日期：2018 年 12 月 4 日

购买方	名　　　称：香榭里拉大酒店管理有限公司 纳税人识别号：3301052071130404X2 地 址、电 话： 开户行及账号：				密码区	3210+02542*999111+943*669//7 6+*</8-4<0/>9555+*492>55426> +0<*6558332</3/*5674005*8 1+*993+1*901664<19<0804/3005		
项　目	单位	数　量	单　价	金　额		税率	税　额	
住宿费	天	2.00	480.00	905.66		6%	54.34	
合　计				￥905.66			￥54.34	
价税合计（大写）		玖佰陆拾元整				（小写）￥960.00		
销售方	名　　　称：北京××酒店连锁集团 纳税人识别号：1002188003401263X5 地 址、电 话：北京长安西街 108 号 010-63238899 开户行及账号：工行长安西街支行 10010288100923455				备注	北京××酒店连锁 集团发票专用章		

收款人：张小丽　　　复核：谢小英　　　开票人：钟慧　　　　销售方：（章）

经济业务（7）

上海市企业单位统一收据

19-1100824

2018 年 12 月 5 日

交款单位　香榭里拉大酒店管理有限公司　　　　　　　　￥2 409.00

人民币（大写）贰仟肆佰零玖元整

系　付　星级酒店厨师培训班培训费

② 收据联

现金	√
支票	
付委	

上海旅游业协
会财务专用章

收款单位（盖章有效）　　　财务：江山　　　经手人：叶青

经济业务（8-1）

香榭里拉大酒店费用报销单

部门：总经办　　　　　　　2018 年 12 月 7 日　　　　　　　附件共＿＿1＿＿张

用　　途	金　　额	付款方式	现金	✓
汽车修理费	1 226.00		支票	
			转账	
		领导审批	李长海	
合　计　人民币（大写）壹仟贰佰贰拾陆元整	￥1 226.00			

会计主管　林彬　　　　审核　王其　　　　出纳　张红　　　　报销人　曹兵

经济业务（8-2）

上海增值税电子普通发票

NO. 1050089

开票日期：2018 年 12 月 6 日

购买方	名　　称：香榭里拉大酒店管理有限公司 纳税人识别号：3301052071130404X2 地址、电话： 开户行及账号：	密码区	1005+02542*999111+943*667//6 2+*</8-4<0/>9555+*492>55929> +0<*6558332</3/*5674876*8 0+*993+1*901664<19<0804/3315

项目	单位	数　量	单　价	金　额	税率	税　额
汽车修理费				1 056.90	16%	169.10
合计				￥1 056.90		￥169.10

价税合计（大写）	壹仟贰佰贰拾陆元整	（小写）￥1 226.00

销售方	名　　称：上海××汽车修理分公司 纳税人识别号：3101027003401260Y5 地　址、电话：上海沪太路 2008 号　57428899 开户行及账号：工行沪太路支行 100270101232001008	备注	上海××汽车修理 分公司发票专用章

收款人　胡梅　　　　复核　华平　　　　开票人　李梅芳　　　　销售方：（章）

经济业务（9）

香榭里拉大酒店固定资产验收交接单

2018 年 12 月 7 日

固定资产名称	电脑系统及软件	批准支出金额	85 000.00元
规格型号		固定资产原价	73 275.86元
颜色、牌照		购买日期	
计量单位	台	验收日期	2018.12.07
数量	1	使用部门	客房部
附属设备情况	/	折旧年限	5 年
备注：			

验收会签	管理部门	财务部门	使用（保管）部门	会签日期
	同意接收，交行政管理部门使用	验收入账	同意接收	
	许国萍	林彬	夏飞	2018.12.07

经济业务（10-1）

上海增值税专用发票

全国统一发票监制
国家税务总局
上海市税务局

NO. 1050089

开票日期：2018 年 12 月 6 日

购买方	名　　　称：香榭里拉大酒店管理有限公司 纳税人识别号：3301052071130404X2 地　址、电话：上海市浦东新区东方路100号58880088 开户行及账号：建行浦东分行0552160033446880	密码区	1005+02542*999111+943*667//6 2+*</8-4<0/>9555+*492>55929> +0<*6558332</3/*5674876*8 0+*993+1*901664<19<0804/3315

项目	单位	数量	单价	金额	税率	税额
物料用品				8 670.72	16%	1 387.32
合计				￥8 670.72		￥1 387.32

价税合计（大写）	壹万零伍拾捌元零肆分	（小写）￥10 058.04

销售方	名　　　称：上海旅游用品批发公司 纳税人识别号：310102507112030 地　址、电话：上海花园路 1367 号　62519939 开户行及账号：工行黄浦分行 216-0428310	备注	上海旅游用品批发公司发票专用章

收款人：林蕾　　　　复核：周波　　　开票人：金 川　　　　销售方：（章）

经济业务（10-2）

香榭里拉大酒店入库单

供货单位：上海旅游用品批发公司

供货单位地址：上海市花园路 1367 号　　　　　　　　　　　编号：01103

定购单编号：2113　　　　　　　　　　　　　　　　　　　　日期：2018.12.07

存货编号	项目及规格	单位	数量	单价	合计
121—3	清洁用品	罐	1	477.97	477.97
121—4	劳防用品	件	16	267.74	4 283.84
121—7	旅游用品	件	2	788.19	1 576.38
121—2	办公用品	箱	1	1 123.05	1 123.05
121—9	其他用品	箱	6	201.58	1 209.48
总计					￥8 670.72

记账 李鹏　　　保管　　　验收 徐 江　　　采购 祝如贵　　　制单 邱永福

经济业务（10-3）

中国建设银行 **支票存根** AK05881142	付款期限自出票之日起十天	中国建设银行上海市分行支票　　支票号码 AK05881142

| 中国建设银行 **支票存根** AK05881142 科　　目＿＿＿＿＿＿＿ 对方科目＿＿＿＿＿＿＿ 出票日期　年　月　日 收款人： 金额： 用途： 单位主管　　会计 | 付款期限自出票之日起十天 | 中国建设银行上海市分行支票　　支票号码 AK05881142 出票日期（大写）　年　月　日　开户行名称： 收款人：　　　　　　　　　　　　出票人账号： 人民币 （大写）　　千 百 十 万 千 百 十 元 角 分 用途：　　　　　　　　　科目（借）＿＿＿＿＿ 上列款项请从　　　　　对方科目（贷）＿＿＿ 我账户内支付　　　　　转账日期　年　月　日 出票行签章　　　　　　　　　复核　记账 |

经济业务（11）

电 子 缴 款 凭 证

打印日期：2018 年 12 月 9 日　　　　　　No. 2018120907450261

纳税人识别号	3301052071130404X2		税务征收机关	上海市浦东新区税务局	
纳税人名称	香榭里拉大酒店管理有限公司		收款国库	国家金库上海市浦东新区支库	
开户银行	建设银行上海浦东分行		银行账号	31662800002010768	
系统税票号	税（费）种	税（品）目	所属时期	实缴金额	缴款日期
3201311163371418	城市维护建设费	市区	20181101-20181130	19 306.00	20181209
3201311163371419	教育费附加收入	教育费附加收入	20181101-20181130	8 274.00	20181209
3201311163371420	地方教育附加收入	地方教育附加收入	20181101-20181130	5 516.00	20181209
3201311163371421	增值税	旅游饭店业	20181101-20181130	275 800.00	20181209
3201311163371422	河道管理费收入	河道工程修建维护管理费	20181101-20181130	2 758.00	20181209
3201311163371502	个人所得税	工资、薪金所得	20181101-20181130	35 000.00	20181209
金额合计	（大写）叁拾肆万陆仟陆佰伍拾肆元整			￥346 654.00	

本缴款凭证仅作为纳税人记账核算凭证使用，需与银行对账单电子划缴记录核对一致方有效。纳税人需开具完税凭证，请凭税务登记证和有效身份证明，到税务管理机关开具《税收电子转账专用完税证》 税务机关（电子章）	电子签名串	TloWfdjhdfkabajh8adshfvoadnFsjSklklGlkcvzbXmcbV ajh8adshfvoadnFsjSklklG45lkcvzbXmcTloWfd23rRwq TloWfdjhdfkabajh8adshfvoadnFsjSklklGlkcvzbXmcbL ajh8adshfvoadn

经济业务（12-1）

香榭里拉大酒店 12 月份工资结算汇总表

部门	基本工资	津贴	加班费	中夜班	独补	洗理费	交通补贴	扣款	应发工资
客房部	82 296.00	8 040.00	300.00	3 120.00	300.00	3 120.00	7 210.00	800.00	103 586.00
餐饮部	97 080.00	7 370.00	3 600.00	564.00	275.00	2 860.00	6 620.00	750.00	117 619.00
康乐部	26 325.00	630.00	3 300.00	550.00	46.00	234.00	544.00	0.00	31 629.00
会议部	21 770.00	804.00	270.00	45.00	63.00	312.00	720.00	0.00	23 984.00
销售部	51 008.00	1 005.00	360.00	66.00	89.00	390.00	906.00	0.00	53 824.00
前厅部	60 340.00	5 210.00	480.00	95.00	126.00	2 980.00	6 960.00	560.00	75 631.00
管理部门	256 412.00	8 978.00	3 990.00	680.00	227.00	3 584.00	14 000.00	1 360.00	286 511.00
合计	595 231.00	32 037.00	12 300.00	5 120.00	1 126.00	13 480.00	36 960.00	3 470.00	692 784.00

部门	工会会费	住房公积金	养老金	医疗保险	失业保险	个人所得税	实发工资
客房部	240.00	4 794.66	5 479.61	1 369.90	342.48	1 823.00	89 536.35
餐饮部	220.00	5 656.00	6 464.00	1 616.00	404.00	2 726.00	100 533.00
康乐部	18.00	1 533.72	1 752.82	438.21	109.55	605.00	27 171.70
会议部	24.00	1 268.35	1 449.54	362.39	90.60	511.00	20 278.12
销售部	30.00	2 971.79	3 396.33	849.08	212.27	875.00	45 489.53
前厅部	190.00	3 515.48	4 017.69	1 004.42	251.11	1 018.00	65 634.30
管理部门	274.00	15 407.00	17 608.00	4 402.00	1 100.50	6 353.00	241 366.50
合计	996.00	35 147.00	40 167.99	10 042.00	2 510.51	13 911.00	590 009.50

部门主管　赵玉林　　　　　　　复核　王其　　　　　　　制表　陈超美

经济业务（12-2）

香榭里拉大酒店应付工资及福利费分配表

2018 年 12 月　　　　　　　　　　　单位：元

部门	借	贷	应付职工薪酬（工资）	应付职工薪酬（职工福利 14%）
客房部		销售费用		
餐饮部		销售费用		
康乐部		销售费用		
会议部		销售费用		
销售部		销售费用		
前厅部		销售费用		
管理部门		管理费用		
合　　计				

审核　　　　　　　　　　　　　　　制表

经济业务（14）

中国建设银行 **支票存根** AK05881143 科　　目 对方科目 出票日期　年　月　日 收款人： 金额： 用途： 单位主管　　会计	付款期限自出票之日起十天	中国建设银行上海市分行支票　　支票号码 AK05881143 出票日期（大写）　　年　月　日　开户行名称： 收款人：　　　　　　　　　　　　出票人账号：

人民币 （大写）	千	百	十	万	千	百	十	元	角	分

用途＿＿＿＿＿　　　　　　　　科目（借）
上列款项请从　　　　　　　　　对方科目（贷）
我账户内支付　　　　　　　　　转账日期　年　月　日
出票行签章　　　　　　　　　　复核　　记账

经济业务（15-1）

香榭里拉大酒店各项基金、经费计算表

2018 年 12 月　　　　　　　　　　　　单位：元

计提项目	计提基数	计提率	企业计提金额
住房公积金		7%	35 147.00
养老保险金		20%	100 420.00
医疗保险金	上年月平均工资：502 100.00	9.5%	47 699.50
失业保险金		0.5%	2 510.50
工伤保险金		1%	5 021.00
生育保险金		1%	5 021.00
工会经费	本月工资总额：692 784.00	2%	13 855.68
合计			209 674.68

复核　王其　　　　　　　制单　陈超美

经济业务（15-2）

香榭里拉大酒店各项基金、经费分配表

2018 年 12 月

单位：元

部门	住房公积金	养老保险金	医疗保险金	失业保险金	工伤保险金	生育保险金	工会经费	合计
客房部	4 794.66	13 699.04	6 507.04	342.48	684.95	684.95	1 973.60	28 686.72
餐饮部	5 656.00	16 159.99	7 676.00	404.00	808.00	808.00	2 328.14	33 840.13
康乐部	1 533.72	4 382.07	2 081.49	109.55	219.10	219.10	631.32	9 176.35
会议部	1 268.35	3 623.85	1 721.33	90.60	181.19	181.19	522.08	7 588.59
销售部	2 971.79	8 490.82	4 033.14	212.27	424.54	424.54	1 223.26	17 780.36
前厅部	3 515.48	10 044.23	4 771.00	251.10	502.22	502.22	1 447.06	21 033.31
管理部门	15 407.00	44 020.00	20 909.50	1 100.50	2 201.00	2 201.00	5 730.22	91 569.22
合计	35 147.00	100 420.00	47 699.50	2 510.50	5 021.00	5 021.00	13 855.68	209 674.68

复核　王　其　　　　　制单　陈超美

经济业务（15-3）

行政拨交工会经费缴款书

缴款单位

电话..................　　　　缴款日期　年　月　日　　　　　字第　号

所属月份		职工人数		本月工资总额		按2%计应拨交经费	¥
收入基层工会　工作费户			上解上级工会　工作费户			缴款单位	

收入基层工会 工作费户		上解上级工会 工作费户		缴款单位	
户　名		户　名		户　名	
账　号		账　号		账　号	
开户行		开户行		开户行	
比　例	万 千 百 十 元 角 分	比　例	万 千 百 十 元 角 分	合　计	万 千 百 十 元 角 分
60%		40%			

合计金额	人民币（大写）		上列款项已划转有关工会账户	
缴款单位盖章：		工会委员会盖章：	银行盖章	
	年　月　日	年　月　日		

经济业务（15-4）

上海市公积金汇缴书

　　　　　　　年　　月　　日　　　　附清册　张

单位名称		□汇缴：	年	月份
公积金账号		□补缴：	人数	人
缴交金额（大写）			十 万 千 百 十 元 角 分	

上月汇缴		本月增加汇缴		本月减少汇缴		本月汇缴	
人数	金　额	人数	金　额	人数	金　额	人数	金　额

付款行	付款账号	支票号码

银行盖章

经济业务（15-5）

中国建设银行 **支票存根** AK05881144	付款期限自出票之日起十天	中国建设银行上海市分行支票　支票号码 AK05881144
科　目＿＿＿＿＿ 对方科目＿＿＿＿＿ 出票日期　年　月　日 收款人： 金额： 用途： 单位主管　　会计		出票日期（大写）　　年　　月　　日　开户行名称： 收款人：　　　　　　　　　　　　出票人账号： 人民币 （大写）　　　千 百 十 万 千 百 十 元 角 分 用途＿＿＿＿＿　　　　　　科目（借）＿＿＿＿＿ 上列款项请从　　　　　　　对方科目（贷）＿＿＿＿ 我账户内支付　　　　　　　转账日期　年　月　日 出票行签章　　　　　　　　　　复核　　记账

经济业务（15-6）

中国建设银行 **支票存根** AK05881145	付款期限自出票之日起十天	中国建设银行上海市分行支票　支票号码 AK05881145
科　目＿＿＿＿＿ 对方科目＿＿＿＿＿ 出票日期　年　月　日 收款人： 金额： 用途： 单位主管　　会计		出票日期（大写）　　年　　月　　日　开户行名称： 收款人：　　　　　　　　　　　　出票人账号： 人民币 （大写）　　　千 百 十 万 千 百 十 元 角 分 用途＿＿＿＿＿　　　　　　科目（借）＿＿＿＿＿ 上列款项请从　　　　　　　对方科目（贷）＿＿＿＿ 我账户内支付　　　　　　　转账日期　年　月　日 出票行签章　　　　　　　　　　复核　　记账

经济业务（15-7）

中国建设银行 **支票存根** AK05881146	付款期限自出票之日起十天	中国建设银行上海市分行支票　支票号码 AK05881146
科　目＿＿＿＿＿ 对方科目＿＿＿＿＿ 出票日期　年　月　日 收款人： 金额： 用途： 单位主管　　会计		出票日期（大写）　　年　　月　　日　开户行名称： 收款人：　　　　　　　　　　　　出票人账号： 人民币 （大写）　　　千 百 十 万 千 百 十 元 角 分 用途＿＿＿＿＿　　　　　　科目（借）＿＿＿＿＿ 上列款项请从　　　　　　　对方科目（贷）＿＿＿＿ 我账户内支付　　　　　　　转账日期　年　月　日 出票行签章　　　　　　　　　　复核　　记账

经济业务（16）

中国建设银行	付款期限自出票之日起十天	中国建设银行上海市分行支票	支票号码 AK05881147

中国建设银行
支票存根
AK05881147
科目＿＿＿＿＿＿
对方科目＿＿＿＿＿
出票日期　年　月　日

收款人：
金额：
用途：
单位主管　　会计

付款期限自出票之日起十天

中国建设银行上海市分行支票　支票号码 AK05881147

出票日期（大写）　　年　月　日　　开户行名称：
收款人：　　　　　　　　　　　　出票人账号：

人民币（大写）	千	百	十	万	千	百	十	元	角	分

用途＿＿＿＿＿＿
上列款项请从
我账户内支付
出票行签章

科目（借）＿＿＿＿＿＿
对方科目（贷）＿＿＿＿
转账日期　　年　月　日
　　　复核　　记账

经济业务（17-1）

上海市保育教育专用收据

收据联　　　　　　NO. 1700032706

日期：2018 年 11 月 30 日

班级	E7 班		姓名	王豆豆
项目代码	收费项目			金额
080311001	托幼管理费			225.00
小　　计				225.00
代办费				
项目				金额
伙食费				245.00
小　　计				245.00
合计人民币（大写）肆佰柒拾元整				￥470.00

收款单位（盖章）　　上海市浦东新区东方路幼儿园发票专用章

收款人 于 山

第二联 男方单位报销联

经济业务（17-2）

上海市保育教育专用收据

收据联

NO. 1702500178

日期：2018 年 11 月 30 日

班级	小一班		姓名	刘婧雯
项目代码		收费项目		金 额
080311001		托幼管理费		225.00
小 计				225.00
代办费				
项目				金额
伙食费				245.00
代办费				235.00
小 计				480.00
合计人民币（大写）柒佰零伍元整				￥705.00

收款单位（盖章）　上海市浦东新区成山幼儿园发票专用章　　收款人 吴 丽

第二联男方单位报销联

经济业务（17-3）

香榭里拉大酒店费用报销单

部门：客房部　　　　2018 年 12 月 20 日　　　　附件共__2__张

用 途	金 额	付款方式	现金	✓
托儿费	100.00		支票	
			转账	
		领导审批	许国萍	
合 计	人民币（大写）壹佰元整	￥100.00		

会计主管 林 彬　　审核 王 其　　出纳 张 红　　报销人 王 林

经济业务（18-1）

上海市浦东律师事务所

2210-18765421

工行徐汇支行浦分处

上海市律师业务收费专用收据

NO.0056854

委托人：香榭里拉大酒店管理有限公司　　　　收款日期：2018 年 12 月 20 日

卷宗编号：2018 年度民字第 146 号	备　注								
收费内容：民事代理									
收费标准：									
	百	十	万	千	百	十	元	角	分
金额（大写）贰仟捌佰元整				￥2	8	0	0	0	0

收费单位（盖章有效）　　上海浦东律师事务所财务专用章　　　　收款人　金　涛

第二联　收据

经济业务（18-2）

上海市人民法院诉讼收费专用收据　　NO.0087612

单位名称：香榭里拉大酒店管理有限公司　　　　收款日期：2018 年 12 月 20 日

收费项目	案号	案由	金额									备注
			百	十	万	千	百	十	元	角	分	
诉讼费	13-0892				1	4	0	0	0	0	0	
				￥	1	4	0	0	0	0	0	

人民币（大写）壹万肆仟元整

收款单位（盖章有效）　上海市浦东人民法院财务专用章　　财务负责人 王 华　收款人 林 平　承办人 于 涛

第二联交款者收据

经济业务（18-3）

中国建设银行 支票存根 AK05881148	中国建设银行上海市分行支票	支票号码 AK05881148

付款期限自出票之日起十天

出票日期（大写）　年　月　日　开户行名称：
收款人：　　　　　　　　　　　出票人账号：

人民币（大写）	千	百	十	万	千	百	十	元	角	分

科　目＿＿＿＿＿＿
对方科目＿＿＿＿＿＿
出票日期　年　月　日

收款人：
金额：
用途：

单位主管　会计

用途＿＿＿＿＿＿
上列款项请从
我账户内支付
出票行签章

科目（借）＿＿＿＿＿
对方科目（贷）＿＿＿＿
转账日期　年　月　日
　　　　复核　记账

经济业务（18-4）

中国建设银行 支票存根 AK05881149	中国建设银行上海市分行支票	支票号码 AK05881149

付款期限自出票之日起十天

出票日期（大写）　年　月　日　开户行名称：
收款人：　　　　　　　　　　　出票人账号：

人民币（大写）	千	百	十	万	千	百	十	元	角	分

科　目＿＿＿＿＿＿
对方科目＿＿＿＿＿＿
出票日期　年　月　日

收款人：
金额：
用途：

单位主管　会计

用途＿＿＿＿＿＿
上列款项请从
我账户内支付
出票行签章

科目（借）＿＿＿＿＿
对方科目（贷）＿＿＿＿
转账日期　年　月　日
　　　　复核　记账

经济业务（19-1）

建设银行上海浦东分行计算利息清单

2018 年 12 月 21 日　　　　　　　NO.258

单位名称：香榭里拉大酒店管理有限公司　　　　　结息账号：11210811528

起算日期	结息日期	天数	积数	利率	利息金额（元）
2018/9/21	2018/12/20	91	16 445 611 000	9.362‰	1 691 910.00

上列贷款利息
已照付你单位账户

建设银行上海浦东分行业务章 2018.12.21

备注：

（银行盖章）

经济业务（19-2）

建设银行上海浦东分行计算利息清单

2018 年 12 月 21 日　　　　　　　　　　　　　　　NO.259

单位名称：　香榭里拉大酒店管理有限公司　　　　　　结息账号：11210811529

起算日期	结息日期	天数	积数	利率	利息金额（元）
2018/9/21	2018/12/20	91	25 674 600	13.823‰	3 900.00

上列贷款利息 已照付你单位账户 建设银行上海浦东分行业 务章 2018.12.21	备注： （银行盖章）

经济业务（20-1）

上海增值税专用发票

NO. 1050089

开票日期：2018 年 12 月 23 日

购买方	名　　　称：香榭里拉大酒店管理有限公司 纳税人识别号：3301052071130404X2 地址、电话：上海市浦东新区东方路100号58880088 开户行及账号：建行浦东分行0552160033446880	密码区	8005+02542*999111+943*667//7 2+*</8-4<0/>9555+*492>55929> +0<*6558332</3/*5674876*8 0+*993*1*901664<19<0804/3315

项　目	单　位	数　量	单　价	金　额	税率	税　额
广告费				37 779.25	6%	2 266.75
合　计				￥37 779.25		￥2 266.75

价税合计（大写）　　肆万零肆拾陆元整	（小写）￥40 046.00

销售方	名　　　称：上海电视台 纳税人识别号：3001027003401260Y5 地址、电话：上海威海路298 号 22005899 开户行及账号：工行威海路支行 100270101232001021	备注	上海电视台 发票专用章

收款人：刘 静　　　复核：李 佳　　　开票人：邵红霞　　　　　　销售方：（章）

经济业务（20-2）

中国建设银行 **支票存根** AK05881150	付款期限自出票之日起十天	中国建设银行上海市分行支票									支票号码 AK05881150		
科 目_____		出票日期（大写） 年 月 日				开户行名称：							
对方科目_____		收款人：					出票人账号：						
出票日期 年 月 日		人民币 （大写）	千	百	十	万	千	百	十	元	角	分	
收款人：		用途_____					科目（借）_____						
金额：		上列款项请从					对方科目（贷）_____						
用途：		我账户内支付					转账日期 年 月 日						
单位主管 会计		出票行签章						复核 记账					

经济业务（21-1）

香榭里拉大酒店费用报销单

部门：总经办　　　　　　2018 年 12 月 24 日　　　　　　附件共__2__张

用　　途	金　　额	付款方式	现金	√
邮寄费	424.00		支票	
办公用品	2 097.00		转账	
		领导审批	李长海	
合　计　人民币（大写）贰仟伍佰贰拾壹元整	￥2 521.00			

会计主管　林 彬　　　　审核　王 其　　　　出纳　张 红　　　　报销人　王 卫

经济业务（21-2）

上海增值税电子普通发票

NO. 1050089

开票日期：2018 年 12 月 23 日

| 购买方 | 名　　称：香榭里拉大酒店管理有限公司
纳税人识别号：3301052071130404X2
地　址、电　话：
开户行及账号： | 密码区 | 8005+02542*999111+943*667//7
2+*</8-4<0/>9555+*492>55929>
+0<*6558332</3/*5674876*8
0+*993+1*901664<19<0804/3315 |

项　目	单位	数　量	单　价	金　额	税率	税　额
文具				1 472.82	3%	44.18
打印纸				563.11		16.89
合计				￥2 035.93		￥61.07

价税合计（大写）	贰仟零玖拾柒元整	（小写）￥2 097.00

| 销售方 | 名　　称：上海衡山文具用品公司
纳税人识别号：300102700340120001
地　址、电　话：上海市衡山路 756 号 56005888
开户行及账号：工行衡山路支行 10017010123200103 | 备注 | 上海衡山文具用品
公司发票专用章 |

收款人：赵　刚　　　复核：张　蕾　　　开票人：王　霞　　　　销售方：（章）

经济业务（21-3）

中国建设银行上海市（　　）邮、电、手续费收费凭证（收据）

2018 年 12 月 24 日　　　　　　　　　④

| 缴款单位名称：
香榭里拉大酒店管理有限公司 | 账号：
055216—00334468800 | 信汇笔数　电汇笔数
（邮）
异地托收　笔数：（电）
银行汇票笔数 |

邮电费金额							手续费金额							合计金额							
万	千	百	十	元	角	分	万	千	百	十	元	角	分	万	千	百	十	元	角	分	
		4	2	4	0	0									￥	4	2	4	0	0	中国建设银行上海 浦东分行业务专用 章 2018.12.24

合计金额	人民币（大写）肆佰贰拾肆元整

你单位上述应缴的邮、电、手续费业经　　收　讫　　　　（银行盖章）
付你单位账

经济业务（22-1）

中华人民共和国
印花税销售凭证

填发日期 2018 年 12 月 24 日　　　　　　　　0086099

购买单位	香榭里拉大酒店管理有限公司		购买人		
购　买　印　花　税　票					
面值种类	数量	金额	面值种类	数量	金额
壹角票			伍元票	70	350.00
贰角票			拾元票	100	1 000.00
伍角票	100	50.00	伍拾元票	30	1 500.00
壹元票	100	100.00	壹佰元票	220	22 000.00
贰元票			总　计		￥25 000.00
金额总计（大写）　　　佰　拾贰万伍仟零佰零拾零元零角零分					

第二联

收据联

销售单位

上海市税务局浦东新区分局
第二税务所印花税收讫章（3）

（盖章）　　　　　　（盖章）

备注

经济业务（22-2）

中国建设银行 **支票存根** AK05881151 科　目＿＿＿＿＿ 对方科目＿＿＿＿ 出票日期　年　月　日	付款期限自出票之日起十天	中国建设银行上海市分行支票　　支票号码 AK05881151

收款人：	
金额：	
用途：	
单位主管　　会计	

出票日期（大写）　　　年　月　日　　开户行名称：
收款人：　　　　　　　　　　　　　出票人账号：

人民币		千	百	十	万	千	百	十	元	角	分
（大写）											

用途＿＿＿＿＿　　　　　　　　科目（借）＿＿＿＿＿
上列款项请从　　　　　　　　对方科目（贷）＿＿＿＿
我账户内支付　　　　　　　　转账日期　年　月　日
出票行签章　　　　　　　　　　　　　复核　记账

经济业务（23-1）

香榭里拉大酒店费用报销单

部门：总经办　　　　　　　2018 年 12 月 25 日　　　　　　　附件共＿＿2＿＿张

用　　途	金　　额	付款方式	现金	
外墙清洗排污	4 260.00		支票	√
			转账	
			领导审批	方晓明
合　计　　人民币（大写）肆仟贰佰陆拾元整	￥4 260.00			

会计主管 林 彬　　　审核 王 其　　　出纳 张 红　　　报销人 王 卫

经济业务（23-2）

上海增值税电子普通发票

NO. 1050089

开票日期：2018 年 12 月 25 日

购买方	名　　称：香榭里拉大酒店管理有限公司 纳税人识别号：3301052071130404X2 地址、电话： 开户行及账号：				密码区	8005+02542*999111+943*667//7 2+*</8-4<0/>9555+*492>55929> +0<*6558332</3/*5674876*8 0+*993+1*901664<19<0804/3315		
	项目	单位	数　量	单价	金　额	税率	税　额
	外墙清洗排污				4 018.87	6%	241.13
	合计				￥4 018.87		￥241.13
价税合计（大写）		肆仟贰佰陆拾元整				（小写）￥4 260.00		
销售方	名　　称：浦东三林环保公司 纳税人识别号：300102700340120237 地　址、电话：上海市三林路 236 号 66005802 开户行及账号：工行三林路支行 10017010123201001				备注	浦东三林环保公司 发票专用章		

收款人 吴 波　　　复核 李 刚　　　开票人 邵志明　　　　　销售方：（章）

经济业务（23-3）

中国建设银行 **支票存根** AK05881152		中国建设银行上海市分行支票 支票号码 AK05881152

中国建设银行
支票存根
AK05881152

科　目＿＿＿＿＿＿
对方科目＿＿＿＿＿＿
出票日期　年　月　日

收款人：
金额：
用途：
单位主管　　会计

付款期限自出票之日起十天

中国建设银行上海市分行支票　　支票号码 AK05881152

出票日期（大写）　　年　　月　　日　　开户行名称：
收款人：　　　　　　　　　　　　出票人账号：

人民币 （大写）	千	百	十	万	千	百	十	元	角	分

用途＿＿＿＿＿＿
上列款项请从
我账户内支付
出票行签章

科目（借）＿＿＿＿＿＿
对方科目（贷）＿＿＿＿＿＿
转账日期　　年　　月　　日
　　　　　　复核　　记账

经济业务（24-1）

香榭里拉大酒店费用报销单

部门：总经办　　　　　　2018 年 12 月 25 日　　　　　附件共＿3＿张

用　途	金　额	付款方式	现金	
劳动防护费	58 200.00		支票	✓
			转账	
		领导审批	方晓明	
合　计　人民币（大写）伍万捌仟贰佰元整	¥58 200			

会计主管 林 彬　　　审核 王 其　　　出纳 张 红　　　报销人 李 华

经济业务（24-2）

中国建设银行
支票存根
AK05881153

科　目＿＿＿＿＿＿
对方科目＿＿＿＿＿＿
出票日期　年　月　日

收款人：
金额：
用途：
单位主管　　会计

付款期限自出票之日起十天

中国建设银行上海市分行支票　　支票号码 AK05881153

出票日期（大写）　　年　　月　　日　　开户行名称：
收款人：　　　　　　　　　　　　出票人账号：

人民币 （大写）	千	百	十	万	千	百	十	元	角	分

用途＿＿＿＿＿＿
上列款项请从
我账户内支付
出票行签章

科目（借）＿＿＿＿＿＿
对方科目（贷）＿＿＿＿＿＿
转账日期　　年　　月　　日
　　　　　　复核　　记账

经济业务（24-3）

上海增值税专用发票

NO. 1070101

开票日期：2018 年 12 月 25 日

购买方	名　　称：香榭里拉大酒店管理有限公司 纳税人识别号：3301052071130404X2 地　址、电话：上海市浦东新区东方路100号58880088 开户行及账号：建行浦东分行0552160033446880	密码区	8005+02542*999111+943*667//7 2+*</8-4<0/>9555+*492>55929> +0<*6558332</3/*5674876*8 0+*993+1*901664<19<0804/3315

项　目	单位	数　量	单价	金　额	税率	税　额
劳动防护用品				50 172.41	16%	8 027.59
合计				￥50 172.41		￥8 027.59

价税合计（大写）	伍万捌仟贰佰元整	（小写）￥58 200.00

销售方	名　　称：上海大润发连锁公司 纳税人识别号：110102700340120001 地　址、电话：上海昌里路 1288 号　58381588 开户行及账号：工行浦东分行 218-0446695	备注	上海大润发连锁公司发票专用章

收款人：宋　波　　　复核：周　涛　　　开票人：李雪菲　　　　　销售方：（章）

经济业务（24-4）

劳防用品费用分摊表

单位：元

部门	人数	金额
客房部	35	9 051.72
前厅部	32	8 275.86
餐饮部	26	6 724.14
会议部	21	5 431.03
康乐部	19	4 913.79
销售部	11	2 844.83
总经办	6	1 551.72
人事部	9	2 327.59
财务部	8	2 068.97
安保部	15	3 879.31
工程部	12	3 103.45
合计	194	50 172.41

经济业务（25-1）

上海增值税专用发票

NO. 1070102

开票日期：2018 年 12 月 25 日

购买方	名　称：香榭里拉大酒店管理有限公司 纳税人识别号：3301052071130404X2 地址、电话：上海市浦东新区东方路100号58880088 开户行及账号：建行浦东分行0552160033446880	密码区	8005+02542*999111+943*667//7 2+*</8-4<0/>9555+*492>55929> +0<*6558332</3/*5674876*8 0+*993+1*901664<19<0804/3315

项目	单位	数量	单价	金额	税率	税额
国产酒	瓶	100	33.60	2 896.55	16%	463.45
饮料	瓶	400	5.00	1 724.14		275.86
干货	千克	100	20.00	1 724.14		275.86
冷制品	千克	850	40.00	29 310.34		4 689.66
合计				￥35 655.17		￥5 704.83

价税合计（大写）	肆万壹仟叁佰陆拾元整		（小写）￥41 360.00

销售方	名　称：上海市食品批发公司 纳税人识别号：110102700543120010 地址、电话：上海市天钥桥路88号　58381588 开户行及账号：工行浦东分行 058-0446695	备注	上海市食品批发公司发票专用章

收款人：钱　娜　　　复核：胡　芳　　　开票人：张梦娜　　　　　销售方：（章）

经济业务（25-2）

香榭里拉大酒店入库单

供货单位：上海市食品批发公司

供货单位地址：上海市天钥桥路 88 号

定购单编号：2022

编号：01023

日期：2018.12.25

存货编号	项目及规格	单位	数量	单价	合计
121—5	国产酒	瓶	100	28.9655	2 896.55
121—6	饮料	瓶	400	4.3103	1 724.14
121—7	干货	千克	100	17.2414	1 724.14
121—8	冷制品	千克	850	34.4828	29 310.34
总计					35 655.17

记账 李鹏　　保管　　验收 徐江　　采购 祝如贵　　制单 邱永福

经济业务（25-3）

中国建设银行		中国建设银行上海市分行支票	支票号码 AK05881154

<table>
<tr><td rowspan="6">中国建设银行
支票存根
AK05881154

科　目＿＿＿＿
对方科目＿＿＿＿
出票日期　年　月　日

收款人：
金额：
用途：
单位主管　　会计</td><td rowspan="6">付款期限自出票之日起十天</td><td>中国建设银行上海市分行支票　　支票号码 AK05881154</td></tr>
<tr><td>出票日期（大写）　年　月　日　开户行名称：</td></tr>
<tr><td>收款人：　　　　　　　　　　出票人账号：</td></tr>
<tr><td>人民币　　　　　千 百 十 万 千 百 十 元 角 分
（大写）</td></tr>
<tr><td>用途＿＿＿＿　　　　科目（借）＿＿＿＿
上列款项请从　　　对方科目（贷）＿＿＿＿
我账户内支付　　　转账日期　年　月　日
出票行签章　　　　　　复核　　记账</td></tr>
</table>

经济业务（26-1）

香榭里拉大酒店费用报销单

部门：安保部　　　　　　　2018 年 12 月 26 日　　　　　　附件共＿1＿张

用　途	金　额	付款方式	现金	✓
消防培训	3 140.00		支票	
			转账	
		领导审批	李长海	
合　计　人民币（大写）叁仟壹佰肆拾元整	￥3 140.00			

会计主管 林 彬　　　审核 王 其　　　出纳 张 红　　　报销人 张 铁

经济业务（26-2）

上海市机关单位统一收据　　19-1100824

2018 年 12 月 26 日

交款单位＿香榭里拉大酒店管理有限公司＿＿＿＿＿＿＿＿　　￥3 140.00

人民币（大写）叁仟壹佰肆拾元整＿＿＿＿＿＿＿＿＿＿＿

系　付＿治安消防培训费＿＿＿＿＿＿＿＿＿＿＿＿＿＿

现金	✓
支票	
付委	

浦东新区公安消防处财务专用章

② 收据联

收款单位（盖章有效）　　　财务：黄 涛　　经手人：杨 鹏

经济业务（27-1）

委托银行收款凭证（付款通知）

委邮

托收号码：NO.129999
付款期限 2018 年 12 月 29 日

委托日期 2018 年 12 月 26 日

付款人	全称	香榭里拉大酒店管理有限公司	收款人	全称	上海市长途电信局
	账号	055216-00334468800		账号	2546-01590886
	开户行	建行浦东分行		开户行	工行浦东分行

委收金额	人民币（大写）壹拾壹万零贰佰元整	千	百	十	万	千	百	十	元	角	分
			¥	1	1	0	2	0	0	0	0

款项内容	通信费	委托收款凭据名称		附寄单证张数	

备注：

中国建设银行上海浦东
分行 2018.12.26

付款单位注意：
　1.根据结算方法，上列委托收款，如在付款期限内未拒付时，即视同全部同意付款，以此联代付款通知。
　2.如需提前付款或多付款时，应另写书面通知送银行办理。
　3.如系全部或分拒付，应在付款期限内另填拒绝付款理由书送银行办理。

单位主管　　会计　　复核　　记账　　付款人开户行盖章　　月　　日

经济业务（27-2）

委托银行收款凭证（付款通知）

委邮

托收号码：NO.130000
付款期限 2018 年 12 月 29 日

委托日期 2018 年 12 月 26 日

付款人	全称	香榭里拉大酒店管理有限公司	收款人	全称	上海市市内电话局
	账号	055216-00334468800		账号	2546-01590888
	开户行	建行浦东分行		开户行	工行浦东分行

委收金额	人民币（大写）壹万玖仟伍佰元整	千	百	十	万	千	百	十	元	角	分
				¥	1	9	5	0	0	0	0

款项内容	通信费	委托收款凭据名称		附寄单证张数	

备注：

中国建设银行上海浦东
分行 2018.12.26

付款单位注意：
　1.根据结算方法，上列委托收款，如在付款期限内未拒付时，即视同全部同意付款，以此联代付款通知。
　2.如需提前付款或多付款时，应另写书面通知送银行办理。
　3.如系全部或分拒付，应在付款期限内另填拒绝付款理由书送银行办理。

单位主管　　会计　　复核　　记账　　付款人开户行盖章　　月　　日

经济业务（28）

委托银行收款凭证（付款通知）

委邮

托收号码：NO.130001
付款期限 2018 年 12 月 29 日

委托日期 2018 年 12 月 26 日

付款人	全称	香榭里拉大酒店管理有限公司	收款人	全称	上海市沪东自来水公司
	账号	055216-00334468800		账号	2546-03445566
	开户行	建行浦东分行		开户行	工行浦东分行

委收金额	人民币（大写）贰万元整	千	百	十	万	千	百	十	元	角	分
				￥	2	0	0	0	0	0	0

款项内容	水费	委托收款凭据名称		附寄单证张数	

备注：

中国建设银行上海浦东
分行 2018.12.26

付款单位注意：
　　1. 根据结算方法，上列委托收款，如在付款期限内未拒付时，即视同全部同意付款，以此联代付款通知。
　　2. 如需提前付款或多付款时，应另写书面通知送银行办理。
　　3. 如系全部或分拒付，应在付款期限内另填拒绝付款理由书送银行办理。

单位主管　　会计　　复核　　记账　　付款人开户行盖章　　月　日

经济业务（29）

委托银行收款凭证（付款通知）

委邮

托收号码：NO.130002
付款期限 2018 年 12 月 29 日

委托日期 2018 年 12 月 26 日

付款人	全称	香榭里拉大酒店管理有限公司	收款人	全称	上海市沪东供电局
	账号	055216-00334468800		账号	2546-04355268
	开户行	建行浦东分行		开户行	工行浦东分行

委收金额	人民币（大写）贰拾捌万元整	千	百	十	万	千	百	十	元	角	分
			￥	2	8	0	0	0	0	0	0

款项内容	电费	委托收款凭据名称		附寄单证张数	

备注：

中国建设银行上海浦东
分行 2018.12.26

付款单位注意：
　　1. 根据结算方法，上列委托收款，如在付款期限内未拒付时，即视同全部同意付款，以此联代付款通知。
　　2. 如需提前付款或多付款时，应另写书面通知送银行办理。
　　3. 如系全部或分拒付，应在付款期限内另填拒绝付款理由书送银行办理。

单位主管　　会计　　复核　　记账　　付款人开户行盖章　　月　日

经济业务（30-1）

香榭里拉大酒店费用报销单

部门：安保部　　　　　　　　　2018 年 12 月 26 日　　　　　　　附件共＿＿1＿＿张

用　　途	金　　额	付款方式	现金	
绿化管理费	5 550.00		支票	✓
			转账	
		领导审批	李长海	
合　计　人民币（大写）伍仟伍佰伍拾元整	￥5 550.00			

会计主管 林 彬　　　　审核 王 其　　　　出纳 张 红　　　　　　报销人 张 铁

经济业务（30-2）

上海增值税电子普通发票

NO. 1070207

开票日期：2018 年 12 月 26 日

购买方	名　　　　称：香榭里拉大酒店管理有限公司 纳税人识别号：3301052071130404X2 地　址、电　话： 开户行及账号：	密码区	8005+02542*999111+943*667//7 2+*</8-4<0/>9555+*492>55929> +0<*6558332</3/*5674876*8 0+*993+1*901664<19<0804/3315

项　目	单位	数　量	单　价	金　额	税率	税　额
绿化管理				5 235.85	6%	314.15
合　计				￥5 235.85		￥314.15

价税合计（大写）	伍仟伍佰伍拾元整	（小写）￥5 550.00

销售方	名　　　　称：上海同济绿化公司 纳税人识别号：310102700340120025 地　址、电　话：上海市国权路 88 号　58381588 开户行及账号：工行国权路分行 058-0446600	备注	上海同济绿化公司 发票专用章

收款人：孙 明　　　复核：赵 娜　　　开票人：张美琪　　　　　销售方：（章）

经济业务（30-3）

中国建设银行
支票存根
AK05881155
科 目＿＿＿＿＿＿
对方科目＿＿＿＿＿
出票日期 年 月 日
收款人：
金额：
用途：
单位主管　　会计

付款期限自出票之日起十天

中国建设银行上海市分行支票　　支票号码 AK05881155

出票日期（大写）　年　月　日　开户行名称：

收款人：　　　　　　　　　　　出票人账号：

人民币（大写）	千	百	十	万	千	百	十	元	角	分

用途＿＿＿＿＿＿　　　　　科目（借）

上列款项请从　　　　　　　对方科目（贷）＿＿＿＿＿

我账户内支付　　　　　　　转账日期　年　月　日

出票行签章　　　　　　　　　　复核　　记账

经济业务（31-1）

上海市公益事业定向捐赠专用收据

捐赠人：香榭里拉大酒店管理有限公司　2018 年 12 月 28 日　　NO. 00129890

捐赠项目	实物（外币）种类	数量	金额									
			千	百	十	万	千	百	十	元	角	分
捐赠款	人民币				5	0	0	0	0	0	0	0
合计金额（小写）					￥	5	0	0	0	0	0	0
合计金额（大写）		仟　佰　拾 伍 万 零 仟 零 佰 零 拾 零 元 零 角 零 分										

接受单位（盖章）：　　　　　复核人：　　　　开票人：刘 坤

经济业务（31-2）

中国建设银行
支票存根
AK05881156
科 目＿＿＿＿＿＿
对方科目＿＿＿＿＿
出票日期 年 月 日
收款人：
金额：
用途：
单位主管　　会计

付款期限自出票之日起十天

中国建设银行上海市分行支票　　支票号码 AK05881156

出票日期（大写）　年　月　日　开户行名称：

收款人：　　　　　　　　　　　出票人账号：

人民币（大写）	千	百	十	万	千	百	十	元	角	分

用途＿＿＿＿＿＿　　　　　科目（借）

上列款项请从　　　　　　　对方科目（贷）＿＿＿＿＿

我账户内支付　　　　　　　转账日期　年　月　日

出票行签章　　　　　　　　　　复核　　记账

经济业务（32）

固定资产折旧计算表

2018 年 12 月　　　　　　　　　　　　　单位：元

固定资产类别	使用部门	上月计提折旧	本月增加折旧	本月减少折旧	本月计提折旧
房屋及建筑物	营业部门	319 437.00	0.00	0.00	319 437.00
	管理部门	33 753.00	0.00	0.00	33 753.00
	小计	353 190.00	0.00	0.00	353 190.00
机器设备	营业部门	97 424.00	4 686.00	0.00	102 110.00
	管理部门	21 672.00	2 738.00	0.00	24 410.00
	小计	119 096.00	7 424.00	0.00	126 520.00
运输工具	营业部门	9 645.00	321.00	0.00	9 966.00
	管理部门	1 023.00	0.00	0.00	1 023.00
	小计	10 668.00	321.00	0.00	10 989.00
办公设备	营业部门	3 715.00	456.00	512.00	3 659.00
	管理部门	7 002.00	311.00	345.00	6 968.00
	小计	10 717.00	767.00	857.00	10 627.00
家具设备	营业部门	38 578.00	26.00	0.00	38 604.00
	管理部门	20 010.00	0.00	0.00	20 010.00
	小计	58 588.00	26.00	0.00	58 614.00
电器及影视设备	营业部门	33 334.00	238.00	9.00	33 563.00
	管理部门	22 130.00	0.00	0.00	22 130.00
	小计	55 464.00	238.00	9.00	55 693.00
其他	营业部门	8 333.00	0.00	0.00	8 333.00
	管理部门	6 099.00	0.00	0.00	6 099.00
	小计	14 432.00	0.00	0.00	14 432.00
合计		622 155.00	8 776.00	866.00	630 065.00

会计主管：林　彬　　　记账：李　鹏　　　　　复核：王　其　　　　　　制单：李　鹏

经济业务（33）

无形资产摊销表

2018 年 12 月　　　　　　　　　　　　　单位：元

名　称	原值（元）	开始摊销时间	年　限	本月摊销（元）	累计摊销（元）	未摊金额（元）
土地使用权	690 000.00	20160704	69 个月	10 000	298 650	391 350

会计主管：林　彬　　　记账：李　鹏　　　　　复核：王　其　　　　　　制单：李　鹏

经济业务（34）

财产保险费摊销表

2018 年 12 月　　　　　　　　　　　　　　　　单位：元

部门	财产保险费（不包括车辆）	机动车辆保险费	合　计
客房部	7 404.00	1 200.00	8 604.00
餐饮部	3 650.00	850.00	4 500.00
会议部	1 460.00	400.00	1 860.00
康乐部	1 540.00	0.00	1 540.00
前厅部	2 171.00	520.00	2 691.00
管理部门	11 869.00	3 644.00	15 513.00
合　计	28 094.00	6 614.00	34 708.00

会计主管：林 彬　　　记账：李 鹏　　　　　复核：王 其　　　　　制单：李 鹏

经济业务（35-1）

香榭里拉大酒店收货单

收货部门：商场食品柜　　　　2018 年 12 月 30 日　　　　　　　单位：元

品名	单位	数量	进价		零售价（含税）		进销差价
			单价	金额	单价	金额	金额
台湾牛肉干	袋	1000	18.10345	18 103.45	27.00	27 000.00	8 896.55
太仓肉松	袋	1000	10.77586	10 775.86	16.70	16 700.00	5 924.14
莆田桂圆	袋	500	26.72414	13 362.07	40.00	20 000.00	6 637.93
广东话梅	袋	500	5.17242	2 586.21	10.00	5 000.00	2 413.79
果仁巧克力	盒	500	8.62068	4 310.34	15.00	7 500.00	3 189.66
方便面	包	1000	3.44828	3 448.28	5.50	5 500.00	2 051.72
奶粉	包	200	17.2414	3 448.28	28.00	5 600.00	2 151.72
合计				56 034.49		87 300.00	31 265.51

验收 刘 明　　　　　　　　　　　制表 张杰

经济业务（35-2）

上海增值税专用发票

NO. 1070308

开票日期：2018 年 12 月 30 日

购买方	名　　称：香榭里拉大酒店管理有限公司 纳税人识别号：3301052071130404X2 地址、电话：上海市浦东新区东方路100号58880088 开户行及账号：建行浦东分行0552160033446880					密码区	8005+02542*999111+943*667//7 2+*</8-4<0/>9555+*492>55929> +0<*6558332</3/*5674876*8 0+*993+1*901664<19<0804/3315

项　目	单位	数量	单价	金　额	税率	税　额
台湾牛肉干	袋	1000	21.00	18 103.45	16%	2 896.55
太仓肉松	袋	1000	12.50	10 775.86		1 724.14
莆田桂圆	袋	500	31.00	13 362.07		2 137.93
广东话梅	袋	500	6.00	2 586.21		413.79
果仁巧克力	盒	500	10.00	4 310.34		689.66
方便面	包	1000	4.00	3 448.28		551.72
奶粉	包	200	20.00	3 448.28		551.72
合计				￥56 034.49		￥8 965.51

价税合计（大写）	陆万伍仟元整	（小写）￥65 000.00

销售方	名　　称：上海食品批发公司 纳税人识别号：340224507122317 地址、电话：上海虹桥路1288号　64721588 开户行及账号：工行虹桥路分行 058-0446600	备注	上海食品批发公司 发票专用章

收款人：钱　娜　　　复核：胡　芳　　　开票人：周丽　　　销售方：（章）

经济业务（35-3）

中国建设银行 **支票存根** AK05881157 科　目_____ 对方科目_____ 出票日期　年　月　日 收款人： 金额： 用途： 单位主管　　会计	付款期限自出票之日起十天	中国建设银行上海市分行支票　　支票号码 AK05881157

中国建设银行上海市分行支票　　支票号码 AK05881157

出票日期（大写）　　年　　月　　日　　开户行名称：

收款人：　　　　　　　　　　　　　　出票人账号：

人民币 （大写）	千	百	十	万	千	百	十	元	角	分

用途_____　　　　　　　　　　科目（借）_____

上列款项请从　　　　　　　　　　　对方科目（贷）_____

我账户内支付　　　　　　　　　　　转账日期　　年　　月　　日

出票行签章　　　　　　　　　　　　　　　复核　　记账

经济业务（36-1）

中国建设银行	付	中国建设银行上海市分行支票	支票号码 AK05881158

<table>
<tr><td rowspan="10">中国建设银行
支票存根
AK05881158

科　目_____
对方科目_____
出票日期　年　月　日

收款人：
金额：
用途：

单位主管　会计</td>
<td rowspan="10">付款期限自出票之日起十天</td>
</tr>
</table>

经济业务（36-2）

香榭里拉大酒店收货单

收货部门：商场百货柜　　　　　　　　　2018 年 12 月 30 日　　　　　　　　　单位：元

品名	单位	数量	进价		零售价（含税）		进销差价
			单价	金额	单价	金额	金额
法国香水	瓶	100	38.7931	3 879.31	68.00	6 800.00	2 920.69
美白霜	瓶	200	25.86205	5 172.41	42.50	8 500.00	3 327.59
毛巾	条	200	12.93105	2 586.21	30.00	6 000.00	3 413.79
高级内衣	套	100	64.6552	6 465.52	75.50	7 550.00	1 084.48
男式羊毛内衣	套	100	120.6897	12 068.97	168.00	16 800.00	4 731.03
女式羊毛内衣	套	100	103.4483	10 344.83	148.00	14 800.00	4 455.17
电子表	块	200	47.4138	9 482.76	80.00	16 000.00	6 517.24
合计				50 000.01		76 450.00	26 449.99

验收　刘 明　　　　　　　　　　　　　制表　张 杰

经济业务（36-3）

上海增值税专用发票

NO. 1110319

开票日期：2018 年 12 月 30 日

<table>
<tr><td rowspan="4">购买方</td><td>名　　　　称：香榭里拉大酒店管理有限公司</td><td rowspan="4">密码区</td><td rowspan="4">8005+02542*999111+943*667//7
2+*</8-4<0/>9555+*492>55929>
+0<*6558332</3/*5674876*8
0+*993+1*901664<19<0804/3315</td></tr>
<tr><td>纳税人识别号：3301052071130404X2</td></tr>
<tr><td>地址、电话：上海市浦东新区东方路100号58880088</td></tr>
<tr><td>开户行及账号：建行浦东分行0552160033446880</td></tr>
</table>

项目	单位	数量	单价	金额	税率	税额
法国香水	瓶	100	45.00	3 879.31	16%	620.69
美白霜	瓶	200	30.00	5 172.41		827.59
白兔毛巾	条	200	75.00	2 586.21		413.79
高级内衣	套	100	50.00	6 465.52		1 034.48
男式羊毛内衣	套	100	140.00	12 068.97		1 931.03
女式羊毛内衣	套	100	120.00	10 344.83		1 655.17
电子表	块	200	75.00	9 482.76		1 517.24
合计				￥50 000.01		￥7 999.99

价税合计（大写）	伍万捌仟元整	（小写）￥58 000.00

<table>
<tr><td rowspan="4">销售方</td><td>名　　　　称：上海百货批发公司</td><td rowspan="4">备注</td><td rowspan="4">上海百货批发公司
发票专用章</td></tr>
<tr><td>纳税人识别号：330224435668317</td></tr>
<tr><td>地址、电话：上海浦建路1285号　58261599</td></tr>
<tr><td>开户行及账号：建行浦东分行 212-04558913</td></tr>
</table>

收款人：李雪　　　　复核：周涛　　　开票人：李刚　　　　　销售方：（章）

经济业务（37）

员工服装费预提表

2018 年 12 月　　　　　　　　　　单位：元

部门	本月计提数	累计计提数
客房部	3 132	37 584
餐饮部	2 262	27 144
康乐部	1 914	22 968
会议部	1 740	20 880
销售部	1 044	12 528
前厅部	2 784	33 408
管理部门	4 524	54 288
合计	17 400	208 800

部门主管：赵玉林　　　　复核：王其　　　　制表：陈超美

经济业务（38）

员工工作餐统计汇总表

2018 年 12 月 单位：元

部门	实际用餐人次数		餐费标准（元/人次）	餐费金额
	中	晚		
客房部	1 238	652	10	18 900
餐饮部	675	690	10	13 650
康乐部	823	332	10	11 550
会议部	721	329	10	10 500
销售部	579	51	10	6 300
前厅部	1 155	525	10	16 800
管理部门	2 054	676	10	27 300
合计	7 245	3 255	10	105 000

部门主管：赵玉林　　　　　复核：王 其　　　　　制表：陈超美

经济业务（39）

委托银行收款凭证（付款通知）

委邮

托收号码：NO.1301003
付款期限 2019 年 1 月 2 日

委托日期 2018 年 12 月 30 日

付款人	全 称	香榭里拉大酒店管理有限公司	收款人	全 称	上海燃气有限公司
	账 号	055216-00334468800		账 号	2546-04355367
	开户行	建行浦东分行		开户行	工行浦东分行

委收金额	人民币（大写）壹万玖仟肆佰柒拾玖元整	千	百	十	万	千	百	十	元	角	分
				￥	1	9	4	7	9	0	0

款项内容	煤气费	委托收款凭据名称		附寄单证张数	

备注：

中国建设银行上海浦东分行 2018.12.30

付款单位注意：
　　1.根据结算方法，上列委托收款，如在付款期限内未拒付时，即视同全部同意付款，以此联代付款通知。
　　2.如需提前付款或多付款时，应另写书面通知送银行办理。
　　3.如系全部或分拒付，应在付款期限内另填拒绝付款理由书送银行办理。

单位主管　　会计　　复核　　记账　　付款人开户行盖章　　月　　日

经济业务（40-1）

香榭里拉大酒店商品销售日报表

2018 年 12 月 31 日　　　　　　　　　　　单位：元

营业柜组	销售金额	结算内容		
		信用卡	现金	其他
食品柜	37 560.00	6 510.00	31 050.00	0.00
百货柜	35 980.00	900.00	35 080.00	0.00
合计	73 540.00	7 410.00	66 130.00	0.00

审核：王其　　　　　　　　　　　　制表：刘平

经济业务（40-2）

香榭里拉大酒店商品进销存日报表

2018 年 12 月 31 日　　　　　　　　　　单位：元

项目	百货	食品	合计	项目	百货	食品	合计
昨日结存	47 890.00	55 925.00	103 815.00	今日发出			
今日购进	/	/	/	调价减值	/	/	/
调价增值	/	/	/	今日盘亏	/	/	/
今日盘盈	/	/	/	今日结存			
合计	47 890.00	55 925.00	103 815.00	合计			

审核：　　　　　　　　　　　　制表：

经济业务（40-3）

香榭里拉大酒店交款单

部门：商场　　　　　　　　2018 年 12 月 31 日

人民币	（大写）陆万陆仟壹佰叁拾元整	百	十	万	千	百	十	元	角	分
			￥	6	6	1	3	0	0	0
账单号码	略									
备注	现金									

部门经理　　　　记账　　　　出纳　张红　　　　审核　王其　　　　制单　刘平

经济业务（40-4）

香榭里拉大酒店交款单

部门：商场　　　　　　　　　　2018 年 12 月 31 日

人民币	（大写）柒仟肆佰壹拾元整	百	十	万	千	百	十	元	角	分
				￥	7	4	1	0	0	0
账单号码	略									
备注	信用卡									

部门经理　　　　记账　　　　出纳 张红　　　　审核 王其　　　　制单 刘平

经济业务（40-5）

中国建设银行
China Construction Bank
龙卡信用卡（人民币）

VISA　MasterCard

商户编号
288

总计单

NO. 0005569

日期＿＿＿＿＿＿＿＿＿＿＿

签购单据总张数＿＿＿＿＿＿＿张

总金额（￥）＿＿＿＿＿＿＿

回扣%＿＿＿＿＿＿＿

净计金额　＿＿＿＿＿＿＿

代办行回扣　＿＿＿＿＿＿＿

汇总金额（￥）＿＿＿＿＿＿＿

第一联：特约单位存根

经济业务（40-6）

中国建设银行进账单（回单）　①

年　　月　　日

出票人	全　称		收款人	全　称		
	账　号			账　号		
	开户银行			开户银行		

金额	人民币（大写）		千	百	十	万	千	百	十	元	角	分

票据种类		票据张数	
票据号码			

复核　　　　记账　　　　　　　　　　　　开户银行签章

此联是开户银行交给持票人的回单

237

经济业务（40-7）

中国建设银行
China Construction Bank

现金交款单

01757010

币别：			年 月 日	流水号：											

单位填写	收款单位			交款人											第二联 客户回单
	账 号			款项来源											
	（金额大写）			千	百	十	万	千	百	十	元	角	分		
银行确认栏															
			现金回单（无银行打印记录及银行签章此单无效）												

主管　　　　　授权　　　　　复核　　　　　　经办

经济业务（41-1）

香榭里拉大酒店商品进销存月报表

2018 年 12 月 31 日　　　　　　　　　　单位：元

商品类别	月初结存	本月购进	合计	本月销售	月末结存
食品	23 253.00	380 250.00	401 065.00	382 700.00	20 803.00
百货	13 710.00	364 300.00	381 010.00	369 100.00	8 910.00
合计	36 963.00	744 550.00	782 075.00	751 800.00	29 713.00

经济业务（41-2）

已销商品进销差价计算表

2018 年 12 月 31 日　　　　　　　　　　单位：元

营业柜组	月末进销差价余额	按售价计算的全部商品		进销差价率（%）	商品进销差价	
		本月已销售总额	月末库存商品余额		已销商品	库存商品
	(1)	(2)	(3)	$(4) = \dfrac{(1)}{(2)+(3)} \times 100\%$	(5)=(2)×(4)	(6)=(1)－(5)
食品						
百货						
合计						

复核：　　　　　　　　　　制表：

经济业务（42）

含税商品销售收入价税分离计算表

2018 年 12 月
单位：元

商品类别	本月含税收入	增值税率(16%)	不含税收入	销项税额
百货				
食品				
合计				

复核：　　　　　　　　　　　制表：

经济业务（43-1）

中国工商银行上海市分行支票　　支票号码 AF05462301

付款期限自出票之日起十天

出票日期（大写）贰零壹捌年壹拾贰月叁拾壹日　　开户行名称：工行杨浦分行
收款人：香榭里拉大酒店管理有限公司　　出票人账号：218—1472209

人民币（大写）　叁万元整　　　千 百 十 万 千 百 十 元 角 分
￥3 0 0 0 0 0 0

用途　支付租金　　　　　　　　科目（借）_____
上列款项请从我账户内支付　　　对方科目（贷）_____
出票行签章　　　　　　　　　　转账日期　　年　　月　　日
　　　　　　　复核　　记账

君怡美容美发公司财务专用章财务专用章　凡 王 印 一

经济业务（43-2）

中国建设银行进账单 (回单) ①

年　　月　　日

出票人	全　称		收款人	全　称	
	账　号			账　号	
	开户银行			开户银行	

金额	人民币（大写）				千 百 十 万 千 百 十 元 角 分

票据种类		票据张数	
票据号码			

复核　　　　记账　　　　　　　　　　　　开户银行签章

此联是开户银行交给持票人的回单

经济业务（44-1）

香榭里拉大酒店寓客账营业日报

2018 年 12 月 31 日 单位：元

借方	金额	贷方	金额
房金	146 359.00	现金	124 560.70
小酒吧	5 100.00	支票	51 877.40
洗衣	66.60	信用卡	29 884.50
电话收入	463.30	转外客账（单位）	111 915.00
商务中心	6 072.40		
餐费	85 413.00		
会议	15 000.00		
康乐	16 668.00		
代办：			
洗衣费	666.00		
长途电信局	4 633.00		
本日应收合计	280 441.30	本日结算合计	318 237.60
		昨日余额	380 841.26
		今日余额	343 044.96

复核：王 其 制表：朱 虹

经济业务（44-2）

香榭里拉大酒店交款单

部门：客房部 2018 年 12 月 31 日

人民币	（大写）伍万壹仟捌佰柒拾柒元肆角	百	十	万	千	百	十	元	角	分
				￥5	1	8	7	7	4	0
账单号码	略									
备注	支票									

部门经理 记账 出纳 张 红 审核 王 其 制单 朱 虹

经济业务（44-3）

香榭里拉大酒店交款单

部门：客房部　　　　　　　　　　　2018 年 12 月 31 日

人民币	（大写）壹拾壹万贰仟叁佰陆拾元柒角	百	十	万	千	百	十	元	角	分
		￥	1	1	2	3	6	0	7	0
账单号码	略									
备注	现金 124 560.70　　预收定金 105 600.00　　退定金 117 800.00									

部门经理　　　　记账　　　　出纳 张 红　　　　审核 王 其　　　　制单 朱 虹

经济业务（44-4）

香榭里拉大酒店交款单

部门：客房部　　　　　　　　　　　2018 年 12 月 31 日

人民币	（大写）贰万玖仟捌佰捌拾肆元伍角	百	十	万	千	百	十	元	角	分
			￥	2	9	8	8	4	5	0
账单号码	略									
备注	信用卡									

部门经理　　　　记账　　　　出纳 张 红　　　　审核 王 其　　　　制单 朱 虹

经济业务（45-1）

香榭里拉大酒店商务中心营业日报

2018 年 12 月 31 日　　　　　　　　　　　　　　单位：元

业务项目	金　额	结算内容			
		现金	信用卡	外客账（单位）	寓客账
复印	210.00				210.00
打字	1 200.00				1 200.00
传真	2 566.00				2 566.00
电传	1 156.00				1 156.00
设备出租	705.40				705.40
其他	235.00				235.00
服务费	0.00				0.00
合计	￥6 072.40	0.00	0.00	0.00	￥6 072.40

审核 王 其　　　　　　　　　　　　　　制表 王 方

经济业务（45-2）

香榭里拉大酒店康乐部营业日报

2018 年 12 月 31 日 单位：元

业务项目	金 额	结算内容			
		现金	信用卡	外客账（单位）	寓客账
理发	532.00	212.00			320.00
桑拿	5 734.00	1 230.00			4 504.00
健身房	15 578.00	9 938.00			5 640.00
棋牌室	8 140.00	2 500.00			5 640.00
DISCO 舞厅	46 684.00	30 120.00		16 000.00	564.00
合计	￥76 668.00	￥44 000.00	0.00	￥16 000.00	￥16 668.00

审核 王 其 制表 江 涛

经济业务（45-3）

香榭里拉大酒店交款单

部门：康乐部 2018 年 12 月 31 日

人民币	（大写）肆万肆仟元整	百	十	万	千	百	十	元	角	分
			￥	4	4	0	0	0	0	0
账单号码	略									
备注	现金									

部门经理 记账 出纳 张 红 审核 王 其 制单 吴 昊

经济业务（45-4）

香榭里拉大酒店餐饮部营业日报

2018 年 12 月 31 日 单位：元

业务项目	金 额	结算内容			
		现金	信用卡	外客账（单位）	寓客账
食品收入	17 580.00	5 689.00	789.00	4 561.00	6 541.00
中餐厅	172 451.50	85 964.00	19 344.50	21 456.00	45 687.00
西餐厅	72 566.00	28 956.00	12 450.00	5 689.00	25 471.00
饮品收入	7 124.00	2 133.00	1 200.00	1 245.00	2 546.00
服务费收入	12 271.50	4 516.00	876.50	2 356.00	4 523.00
杂项收入	1 412.30	662.30	0.00	105.00	645.00
合计	￥283 405.30	￥127 920.30	￥34 660.00	￥35 412.00	￥85 413.00

审核 王 其 制表 汪 荣

经济业务（45-5）

香榭里拉大酒店交款单

部门：餐饮部　　　　　　　　　　2018 年 12 月 31 日

人民币	（大写）壹拾贰万柒仟玖佰贰拾元叁角	百	十	万	千	百	十	元	角	分
			￥1	2	7	9	2	0	3	0
账单号码	略									
备注	现金									

部门经理　　　　记账　　　　出纳 张 红　　　　审核 王 其　　　　制单 汪 荣

经济业务（45-6）

香榭里拉大酒店交款单

部门：餐饮部　　　　　　　　　　2018 年 12 月 31 日

人民币	（大写）叁万肆仟陆佰陆拾元整	百	十	万	千	百	十	元	角	分
				￥3	4	6	6	0	0	0
账单号码	略									
备注	信用卡									

部门经理　　　　记账　　　　出纳 张 红　　　　审核 王 其　　　　制单 汪 荣

经济业务（45-7）

香榭里拉大酒店会议部营业日报

2018 年 12 月 31 日　　　　　　　　　　单位：元

业务项目	金　额	结算内容			
		现金	信用卡	外客账（单位）	寓客账
会场	22 000.00			12 000.00	10 000.00
茶歇	11 000.00			6 000.00	5 000.00
设备出租	560.00			560.00	
其他	25.00			25.00	
合计	￥33 585.00	0.00	0.00	￥18 585.00	￥15 000.00

审核 王 其　　　　　　　　　　制表 庄惠明

经济业务（45-8）

中国建设银行
China Construction Bank

龙卡信用卡（人民币）

商户编号
288

总计单

NO.　0005569

日期＿＿＿＿＿＿＿＿＿＿

签购单据总张数＿＿＿＿＿＿＿＿张

总金额（￥）＿＿＿＿＿＿＿＿＿

回扣%＿＿＿＿＿＿＿＿＿＿

净计金额　＿＿＿＿＿＿＿＿

代办行回扣＿＿＿＿＿＿＿＿

汇总金额（￥）＿＿＿＿＿＿＿

第一联：特约单位存根

经济业务（45-9）

中国建设银行**进账单**（回单）　①

年　　月　　日

出票人	全　称		收款人	全　称	
	账　号			账　号	
	开户银行			开户银行	

金额	人民币 （大写）					千	百	十	万	千	百	十	元	角	分

票据种类		票据张数	
票据号码			

复核　　　　记账

开户银行签章

此联是开户银行交给持票人的回单

经济业务（45-10）

中国建设银行
China Construction Bank

现金交款单

01757010

币别：　　　　　　　　　　　年　月　日　　流水号：

单位填写	收款单位		交款人											第二联 客户回单
	账　号		款项来源											
	（金额大写）			千	百	十	万	千	百	十	元	角	分	
银行确认栏														

现金回单（无银行打印记录及银行签章此单无效）

主管　　　　　授权　　　　　复核　　　　　　经办

经济业务（46）

应付账款转销单

领导： 　　酒店前欠 ABB 公司的应付账款 3 990 元，因 ABB 公司被撤销，按规定程序应转作营业外收入。妥否，请指示！
财务经理意见： 　　同意转销，作营业外收入处理。 　　　　　　　　　　部门经理：林彬　2018 年 12 月 30 日
总经理意见： 　　同意 　　　　　　　　　　总经理：方晓明　2018 年 12 月 31 日

经济业务（47-1）

香榭里拉大酒店食品原料领料汇总单

日期：2018 年 12 月 25～31 日

领料部门：餐饮部

单位：元

名称及规格	单位	数量	单价	金额
鱼露	瓶	21	9.80	205.80
金枪鱼	听	11	11.00	121.00
红腰豆	听	20	11.20	224.00
白兰地酒	瓶	30	11.50	345.00
白葡萄酒	瓶	51	22.00	1 122.00
玉米碎	听	45	3.20	144.00
三花淡奶	听	100	6.80	680.00
茄汁黄豆	听	45	3.30	148.50
糖水菠萝	听	65	4.60	299.00
意大利面条	包	120	8.60	1 032.00
通心粉	包	53	55.80	2 957.40
粉丝	包	130	4.00	520.00
…	…	…	…	…
合计				￥84 075.00

审核 王其　　　　　　　　　　制表 祝如贵

经济业务（47-2）

香榭里拉大酒店食品原料领料汇总单

日期：2018 年 12 月 25～31 日

领料部门：客房小酒吧

单位：元

名称及规格	单位	数量	单价	金额
啤酒	听	750	5.00	3 750.00
矿泉水	瓶	650	4.00	2 600.00
红葡萄酒	瓶	210	10.00	2 100.00
雪莉酒	瓶	250	8.50	2 125.00
橙汁	听	450	5.00	2 250.00
菠萝汁	听	521	5.00	2 605.00
…	…	…	…	…
合计				￥56 600.00

审核 王其　　　　　　　　　　制表 祝如贵

经济业务（47-3）

香榭里拉大酒店食品原料领料汇总单

日期：2018 年 12 月 25～31 日

领料部门：员工食堂

单位：元

名称及规格	单位	数量	单价	金额
鸡翅	千克	24	5.00	120.00
鸡腿	千克	12	4.00	48.00
鸡胸	千克	25	10.00	250.00
冰鲜草虾	盒	50	21.25	1 062.50
肋排	千克	51	17.50	892.50
开洋	千克	5	96.00	480.00
…	…	…	…	…
合计				￥4 585.00

审核 王 其　　　　　　　　　制表 祝如贵

经济业务（47-4）

香榭里拉大酒店食品原料领料汇总单

日期：2018 年 12 月 31 日

领料部门：餐饮部（青工技术操作比赛）

单位：元

名称及规格	单位	数量	单价	金额
鱼露	瓶	10	9.80	98.00
金枪鱼	听	10	11.00	110.00
红腰豆	听	4	11.20	44.80
茄汁黄豆	听	5	3.30	16.50
糖水菠萝	听	5	5.10	25.50
意大利面条	包	12	8.60	103.20
合计				￥398.00

审核 王 其　　　　　　　　　制表 祝如贵

经济业务（48）

香榭里拉大酒店鲜活食品原料进货汇总单

日期：2018 年 12 月 25～31 日 单位：元

收 货 单	供 应 商	金 额
122—1	水产批发部	136 171.00
122—2	光明乳品厂	38 797.00
122—3	蔬菜公司	10 674.00
合计		￥185 642.00

审核 王其 制表 祝如贵

经济业务（49）

香榭里拉大酒店内部调拨汇总单

日期：2018 年 12 月 25～31 日 单位：元

调入部门：餐饮部 调出部门：客房小酒吧

名称及规格	单位	数量	单价	金额
雪莉酒	瓶	12	8.50	102.00
橙汁	听	60	5.00	300.00
菠萝汁	听	40	4.95	198.00
合计				￥600.00

调入部门 孙吉 调出部门 张国辉

经济业务（50-1）

香榭里拉大酒店餐饮食品原料盘存表

2018 年 12 月 31 日 单位：元

名称及规格	单位	存量	单价	金额
进口牛柳	千克	2.00	142.00	284.00
进口西冷	千克	3.20	97.00	310.40
进口肉眼	千克	1.50	148.00	222.00
三黄鸡	千克	2.50	19.00	47.50
肋排	千克	2.00	17.50	35.00
…	…	…	…	…
合计				￥37 000.00

部门主管 孙吉 制表 吴在工

经济业务（50-2）

香榭里拉大酒店客房小酒吧盘存表

2018 年 12 月 31 日 单位：元

名称及规格	单位	存量	单价	金额
啤酒	听	521	4.70	2 448.70
矿泉水	瓶	421	4.00	1 684.00
红葡萄酒	瓶	100	10.00	1 000.00
雪莉酒	瓶	120	8.50	1 020.00
橙汁	听	400	5.00	2 000.00
菠萝汁	听	410	5.00	2 050.00
…	…	…	…	…
合计				￥26 000.00

部门主管 张国辉 制表 吴在工

经济业务（51）

香榭里拉大酒店低值易耗品余额汇总表

编表日期：2018年12月31日

单位：元

项目		上月结存	本月购入	本月领用			本月调出	本月报废	本月结存	低值易耗品摊销			
				客房	餐饮	…				上月余额	本月增加	本月减少	本月余额
布件	在用	63 868.59		1 082.50					64 951.09	32 397.59	1 082.50		33 480.09
	在库		1 082.50										
床上用品	在用	381 829.91							381 829.91	201 831.87			201 831.87
	在库	20 520.00	5 280.00						25 800.00				
器皿餐具	在用	84 715.11						4 037.46	80 677.65	27 680.50		2 018.73	25 661.77
	在库												
工具	在用	17 441.59			1 122.50			4.25	18 559.84	3 292.90	561.25	2.13	3 852.02
	在库		1 122.50										
合计	在用	547 855.20		1 082.50	1 122.50		0.00	4 041.71	546 018.50	265 202.86	1 643.75	2 020.86	264 825.75
	在库	20 520.00	7 485				0.00		25 800.00				

部门主管 林 彬   记账 李 鹏   复核 王 其   制表 徐 江

263

经济业务（52）

香榭里拉大酒店物料用品进耗存月报表

编表日期：2018年12月31日

单位：元

项目	上月结存	本月购入	本月耗用	本月结存	耗用金额部门分摊						
					客房	餐饮	会议	康乐	销售	管理部门
清洁用品	4 328.69	554.45	338.60	4 544.54	48.50	134.70	49.10	6.50		99.80
针棉用品	4 000.00		307.00	3 693.00	307.00					
劳防用品	94 417.83	4969.25	10 839.30	88 547.78	6 924.80	1 864.90	134.30	657.70	980.00	277.60
旅游用品	5 121.98	1 828.60	2 462.10	4 488.48	747.00	1 180.70	34.50	273.60	50.80	175.50
日常用品	5 000.00	1 302.74	496.00	4 504.00	222.50	91.50	64.00	20.00		98.00
办公用品	6 104.95		4 656.00	2 751.69	100.00	150.00	85.00	11.00	60.00	4 250.00
其他用品	2 467.54	1 403.00	2 213.10	1 657.44	1 257.42	544.70	4.90	108.00		298.08
合计	121 440.99	10 058.04	21 312.10	110 186.93	9 607.22	3 966.50	371.80	1 076.80	1 090.80	5 198.98

部门主管 林 彬　　　　记账 李 鹏　　　　复核 王 其　　　　制表 徐 江

经济业务（53）

中国银行上海市分行代兑外汇结汇明细表

2018年12月31日

现钞 Cash

币制	笔数	外币金额	牌价	人民币金额
USD	200	40 000.00	605.45	242 180.00
JPY	180	4 000 000.00	5.6375	225 500.00
GBP	50	10 000.00	987.29	98 729.00
HKD	90	100 000.00	76.14	76 140.00
AUD	30	10 000.00	538.69	53 869.00
CAD	40	10 000.00	539.93	53 993.00
EUR	50	15 000.00	781.84	117 276.00
合计	640	/	/	867 687.00

旅行支票 Traveler's cheque

币别	张数	外币金额	原币扣贴息	外币净值	牌价	人民币金额
USD	100	10 000.00	75	9 925.00	611.58	60 699.32
JPY	10	10 000.00	750	99 250.00	5.8169	5 773.28
合计	110	/	/	/	/	66 472.6

银行

实付人民币 934 159.60

其中　付现金 / 　转账

代兑手续费 18 683.2

经办　　复核

代兑点　经办 张红　复核 王其

业务公章

中国银行上海市分行代兑外汇兑换专用章

注：外汇牌价为直接标价法（每100元外汇相当于多少人民币）

试 算 平 衡 表

年　月　日

总账科目	期 初 余 额		本期发生额		期 末 余 额	
	借 方	贷 方	借 方	贷 方	借 方	贷 方

总账科目	期 初 余 额		本期发生额		期 末 余 额	
	借 方	贷 方	借 方	贷 方	借 方	贷 方

资 产 负 债 表

会业 01 表

编制单位：　　　　　　　年　　月　　日　　　　　　　单位：元

资　　产	行　次	年 初 数	期 末 数
流动资产：	1		
货币资金	2		
交易性金融资产	3		
应收票据	4		
应收账款	5		
预付账款	6		
应收利息	7		
应收股利	8		
其他应收款	9		
存货	10		
一年内到期的非流动资产	11		
其他流动资产	12		
流动资产合计	13		
非流动资产：	14		
可供出售金融资产	15		
持有至到期投资	16		
长期应收款	17		
长期股权投资	18		
投资性房地产	19		
固定资产	20		
在建工程	21		
工程物资	22		
固定资产清理	23		
生产性生物资产	24		
油气资产	25		
无形资产	26		
开发支出	27		

资　　产	行　次	年　初　数	期　末　数
商誉	28		
长期待摊费用	29		
递延所得税资产	30		
其他非流动资产	31		
非流动资产合计	32		
资产总计	33		
流动负债：	34		
短期借款	35		
交易性金融负债	36		
应付票据	37		
应付账款	38		
预收账款	39		
应付职工薪酬	40		
应交税费	41		
应付利息	42		
应付股利	43		
其他应付款	44		
一年内到期的非流动负债	45		
其他流动负债	46		
流动负债合计	47		
非流动负债：	48		
长期借款	49		
应付债券	50		
长期应付款	51		
专项应付款	52		
预计负债	53		
递延所得税负债	54		
其他非流动负债	55		

续表

资　　产	行　次	年　初　数	期　末　数
非流动负债合计	56		
负债合计	57		
所有者（股东）权益：	58		
实收资本（股本）	59		
资本公积	60		
减：库存股	61		
盈余公积	62		
未分配利润	63		
所有者（股东）权益合计	64		
	65		
负债和所有者（股东）权益合计	66		

利 润 表

会业 02 表

编制单位：　　　　　　　　　年　　月　　　　　　　　　　　单位：元

项　　　目	行　次	本期发生额	本年累计金额
一、营业收入	1		
减：营业成本	2		
税金及附加	3		
销售费用	4		
管理费用	5		
财务费用（收益以"-"号填列）	6		
资产减值损失	7		
加：公允价值变动收益（损失以"-"号填列）	8		
投资收益（损失以"-"号填列）	9		
其中：对联营企业和合营企业的投资收益	10		
二、营业利润收益（亏损以"-"号填列）	11		
加：营业外收入	12		
减：营业外支出	13		
其中：非流动资产处置损失	14		
三、利润总额（亏损总额以"-"号填列）	15		
减：所得税费用	16		
四、净利润（净亏损以"-"号填列）	17		
五、每股收益：	18		
（一）基本每股收益	19		
（二）稀释每股收益	20		
六、其他综合收益	21		
七、综合收益总额	22		

参考答案

实训八　财务报表编制

"资产负债表"部分项目期末数为：货币资金7 754 722.00元；应收账款1 070 000.00元；存货471 453.92元；流动资产合计9 296 175.92元；固定资产75 476 154.08元；资产总计84 772 330.00元；应交税费154 035.75元；负债合计1 201 178.75元；未分配利润821 151.25元；所有者权益合计83 571 151.25元。

"利润表"部分项目本期发生额为：营业收入1 944 000.00元；营业成本250 000.00元；税金及附加10 832.00元；销售费用1 155 000.00元；管理费用385 800.00元；财务费用2 833.00元；营业利润139 535.00元；净利润104 651.25元。

实训九　会计循环

试算平衡表期初余额合计数为307 468 162.07元；本期发生生额合计数为13 964 202.34元；期末余额合计数为304 244 520.91元。

"资产负债表"部分项目期末数为：货币资金2 269 489.10元；应收账款1 918 244.29元；存货801 988.64元；流动资产合计5 484 307.03元；固定资产131 888 948.02元；非流动资产合计158 245 758.17元；资产总计163 730 065.20元。应交税费362 809.34元；负债合计78 637 081.43元；未分配利润1 465 987.01元；所有者权益合计85 092 983.77元。

"利润表"部分项目本年累计金额为：营业收入4 534 059.18元；营业成本127 173.76元；税金及附加102 778.02元；销售费用1 613 141.03元；管理费用684 577.78元；财务费用547 077.08元；营业利润1 458 234.86元；净利润1 059 168.65元。

责任编辑： 李冉冉
责任印制： 闫立中
封面设计： 中文天地

图书在版编目（CIP）数据

酒店会计实训 / 许鹏，徐涛主编. -- 北京 ： 中国
旅游出版社，2019.10
国家示范性院校重点建设专业酒店管理专业系列教材
ISBN 978-7-5032-6352-1

Ⅰ．①酒… Ⅱ．①许… ②徐… Ⅲ．①饭店－财务会
计－高等职业教育－教材 Ⅳ．①F719.2

中国版本图书馆CIP数据核字 (2019) 第206649号

书　　　名：酒店会计实训

作　　　者：许鹏，徐涛主编
出版发行：中国旅游出版社
　　　　　（北京建国门内大街甲 9 号　邮编：100005 ）
　　　　　http://www.cttp.net.cn　E-mail:cttp@mct.gov.cn
　　　　　营销中心电话：010-85166536
排　　　版：北京旅教文化传播有限公司
经　　　销：全国各地新华书店
印　　　刷：河北省三河市灵山芝兰印刷有限公司
版　　　次：2019 年 10 月第 1 版　2019 年 10 月第 1 次印刷
开　　　本：787 毫米 ×1092 毫米　1/16
印　　　张：17.5
字　　　数：331 千
定　　　价：39.80 元
ＩＳＢＮ　978-7-5032-6352-1
